ICH DONALD

Druck: Druckerei Ernst Uhl, Radolfzell
Bindearbeiten: Hollmann, Darmstadt
Produktionsleitung: Angelika Zahn
ISBN 3-928195-23-9

Walt Disney

DIE GROSSEN KLASSIKER

ICH DONALD

Horizont Verlag

Die Geschichten

Die Donald Duck Story

Es wächst der Mensch mit seinen größern Zwecken!“ Dieses Zitat aus Schillers Wallenstein könnte am Beginn einer unvergleichlichen Karriere gestanden haben. Wer ist Donald Duck? Was hat ihn zu dem gemacht, was er heute ist: die berühmteste Ente der Welt? Aber bevor wir dieses Phänomen entschlüsseln, sollten wir uns mit einem anderen nicht minder berühmten Mann beschäftigen: WALT DISNEY!

Geboren wurde er am 5. Dezember 1901 in Chicago. Schon in frühester Jugend zeigte er Talent zum Zeichnen. Nach seiner Militärzeit beschloß er deshalb, Gebrauchsgrafiker zu werden. Seine Ausbildung bestand lediglich aus einem Samstagvormittagskurs an der Kunstschule von Kansas City, die er als Vierzehnjähriger besucht hatte. Disney fand Arbeit bei einer Werbefirma, in der er auch seinen späteren Freund und Mitarbeiter Ub Iwerks kennenlernte. Seine Anstellung dauerte nur einige Monate, und Walt Disney stand wieder dort, wo er angefangen hatte. Doch Disney ließ sich nicht entmutigen. Zusammen mit Ub Iwerks gründete er seine erste eigene Firma für Gebrauchsgrafik. Doch die neue Selbständigkeit war nur von kurzer Dauer, und Disney wechselte zur Kansas City Film Ad Company. Dort lernte er das neue Medium Trickfilm kennen und war restlos begeistert. Nach mehreren Versuchen war ein wirtschaftlicher Erfolg nicht in Sicht. Disney beschloß, Kansas City zu verlassen und sein Glück in Hollywood zu versuchen. Er entwarf seine erste eigene Comicfigur: ‚Oswald, the Lucky Rabbit‘, die auch sofort erfolgreich wurde. Durch vertragliche Schwierigkeiten verlor Disney die Rechte an der beliebten Figur. Aber er ließ sich nicht unterkriegen. Zusammen mit seinem Bruder Roy gründete er die Disney Studios, und einer seiner ersten Mitarbeiter war Ub Iwerks. Als erstes schuf er eine neue Comicfigur: MICKY MAUS!

Disney hatte seinen ersten Trickfilme bereits fertig, als eine technische Neuheit wie eine Bombe einschlug: Der Tonfilm war erfunden! Disney war sofort klar, daß hier die Zukunft lag. Er begann, seinen fertigen Zeichentrickfilm ‚Steamboat Willie‘ mit Musik zu unterlegen. Der Film wurde ein durchschlagender Erfolg. Ganz Amerika erlag dem Micky-Maus-Fieber!

Es folgten weitere Micky-Maus-Filme, die das Publikum begeisterten. Micky Maus hieß der neue Star der Filmwelt. Und wie bei seinen menschlichen Kollegen legte das Publikum auch bei der kleinen Maus moralische Maßstäbe an, die die Bewegungsfreiheit dieser Comicfigur stark einschränkten.

Aber Disney wußte eine Antwort. Er umgab die brave Micky Maus mit Charakteren, die weniger lieb und moralisch waren. So kam Donald zu seinem ersten Auftritt. In der Serie ‚Silly Symphonies‘ drehte Disney Anfang 1934 den Kurzfilm ‚The Wise Little Hen‘ und besetzte eine Nebenrolle mit einem unverschämten Enterich. Seine Gestalt – ein langer Hals, der komische Körper, seine gefiederten Finger – erinnert nur wenig an den Donald, wie wir ihn heute kennen. Nur sein temperamentvolles Auftreten und seine Stimme hatte er schon in seinem ersten Film. Dadurch war er bereits in dieser bescheidenen Rolle so bemerkenswert, daß er Fan-Post bekam: Ein Star war geboren. Bei seinem ersten Auftritt trug er auch schon den berühmten Matrosenanzug und die Matrosenmütze! Die kleine Henne sucht jemanden, der ihr helfen könnte, ihren Mais zu pflanzen. Aber das faule Schweinchen Mein und Donald simulieren Bauchweh. Später bitten sie ganz ungeniert darum, auch von dem Mais mitessen zu dürfen. Die Henne verabreicht ihnen Rizinusöl. Mit unvergleichlichem

1

1 Donald in seinem ersten Film ,The Wise Little Hen' aus der Serie ,Silly Symphonies' zusammen mit Schweinchen Mein.

2 ,The Wise Little Hen' erschien kurz darauf auch als Comicstrip.

3 Schon in seinem ersten Film zeigte Donald seine Vorliebe für Musik.

4 Zusammen mit Micky Maus trat Donald zum erstenmal in ,Orphan's Benefit' auf. Es folgten noch viele weitere Trickfilme.

5 Hier ein Ausschnitt aus einer Comicstripserie. Donald ist für Micky als Zeitungsverkäufer tätig.

2

3

4

5

6

6 Ein Ausschnitt aus dem Film ‚Mickys Auto-Serivce'! Micky, Donald und Goofy – es sind nur seine Beine zu sehen – reparieren Kater Karlos Auto.

7 Micky, Goofy und Donald in dem Zeichentrickfilm ‚Moving Day'. In vielen Zeichentrickfilmen waren die drei ein unzertrennliches Trio!

Quacken jammert darauf Donald über echtes Bauchweh.
Wie bei allen großen Stars umranken Gerüchte und Legenden auch Donalds Aufstieg. So zum Beispiel, wie Donald zu seiner Stimme kam. Angefangen hat es mit einem Radioprogramm. Walt Disney war wieder einmal auf der Suche nach ungewöhnlichen Stimmen, die er für seine Zeichentrickfiguren verwenden konnte. Und je verrückter eine Stimme klang, desto besser! Zufall oder nicht, ausgerechnet an jenem Abend hatte Walt Disney ein Programm eingeschaltet, in dem auch ein Tierstimmenimitator auftrat. Und ab hier gehen die Versionen auseinander. Die einen erzählen, Disney habe diesen Tierstimmenimitator – Clarence Nash – sofort zu sich bestellt, andere behaupten, Clarence Nash sei eines Tages bei den Walt Disney Productions aufgetaucht und habe sich vorgestellt. Wie dem auch sei, man fand zueinander. Eine noch unbekannte Ente hatte eine Stimme bekommen. Ungeklärt ist übrigens auch noch, ob es erst die Stimme gab oder erst die Ente. In 128 Kurzfilmen und fünf normal langen Filmen lieh Clarence ‚Ducky' Nash Donald seine Stimme.
Seinen zweiten großen Auftritt hatte Donald in dem Film ‚Orphan's Benefit'. Im Gegensatz zur braven Micky Maus übernahm Donald die Rolle des bösen Buben. Er sollte streitsüchtig, bösartig, launisch, ekelhaft, feindselig und cholerisch sein. Nun, heute kann man sagen, daß hin und wieder seine früheren Charaktereigenschaften zum Vorschein kommen, aber nur noch ganz selten, oder?

7

Walt Disney hatte nicht beabsichtigt, daß Donald eine Hauptrolle in einem Film bekommen sollte. Aber je weiter die Arbeiten fortschritten, desto mehr gerieten Donalds Wutausbrüche in den Vordergrund, und Micky wurde sozusagen an die Wand gespielt. Er mußte sich mit einer Nebenrolle begnügen.
Darauf folgte eine Reihe von Filmen, in denen Donald zusammen mit Micky Maus spielte – und mit einer dritten Figur, die genauso zufällig entstanden war wie Donald: GOOFY. Donalds Bosheit stand in Kontrast zu Mickys Gutartigkeit. Es entstanden köstliche Szenen voller Verwirrung und Überraschung. In keinem Film durften Donalds Wutanfälle fehlen. Über ihn wurde am meisten gelacht, weil er sich meist ziemlich tölpelhaft benahm. Mit Micky und Goofy erlebt er viele Abenteuer. Dabei hat er aber in jedem Film seine eigene Krise.

8 In den ersten Micky-Maus-Filmen trat Donald nur in Nebenrollen auf. Hier ärgern ihn Mickys Neffen.

Anschließend vereint er sich dann wieder mit den anderen, und die Geschichte hat meist einen glücklichen Ausgang. In ,Die Gipfelstürmer' bekämpft er eine wilde Bergziege und einen Adler und kommt gerade noch rechtzeitig zurück, um Micky vor einem Sturz und Pluto vor den gutgemeinten Diensten eines Bernhardiners zu bewahren. Besonders gut eignet sich Donald als „Helfer", der alles noch schlimmer macht, wenn ein Problem gelöst werden soll. In verschiedenen Szenen aus dem Berufsleben hat er eine einmalige Art, aus der Haut zu fahren, wenn etwas schiefgeht. Oder er versucht mit unglaublicher Beharrlichkeit, einer Sache auf den Grund zu gehen. In ,Mickys Auto-Service' nimmt er auf der Suche nach einem quietschenden Geräusch ein ganzes Auto auseinander. Schließlich stellt sich heraus, daß es das Zirpen einer Grille war. Einmal versucht er als Klempner, eine Leitung zu befestigen, aber Pluto hat einen Magneten verschluckt und behindert dadurch Donalds Arbeit ganz beträchtlich. In anderen Filmen muß sich das Trio gemeinsam gegen Feinde wehren, zum Beispiel gegen den furchterregenden Kater Karlo. Dieser ist zum Beispiel in ,Moving Day' ein eiskalter Sheriff. In anderen Filmen erscheint er als gemeiner Hundefänger, dann wieder als hinterlistiger Nachbar. In ,Lonesome Ghosts' müssen sich Micky, Goofy und Donald gegen Geister behaupten. Dies gelingt ihnen, indem sie die Geister erschrecken. Die Helden haben sich mit Mehl bestäubt und werden von den Geistern für gefährliche Konkurrenz gehalten.

Der schlaue liebe Micky, der einfältige Goofy und der ewige Wüterich Donald! Lustig waren sie alle drei, aber in der Regel war es Donald, der die Lacher auf seiner Seite hatte. Ein Aufschrei ging durch das Publikum, als eines Tages das Gerücht auftauchte, Donald solle von der Bildfläche verschwinden.

Und wie so oft, an jedem Gerücht ist was Wahres dran. Walt Disney stellte wirklich Überlegungen an, Donald nicht mehr zu verwenden. Er erzählte später einmal: „Er wuchs mir über den Kopf. Er begann sein eigenes Leben zu führen. Ich plante einen Film mit Micky, und eh ich mich versah, waren es fünfzehn Filme mit Donald geworden. Ich war der festen Meinung, das müsse die Leute auf die Dauer langweilen."

Doch Disney irrte sich gewaltig. Protestbriefe und Unterschriftenlisten gingen in den Studios ein, und sogar der amerikanische Senat sprach von einer Bedrohung einer amerikanischen Institution. Und diese Insitution war niemand anders als DONALD DUCK!

Beeindruckt durch die zahlreichen Proteste beschloß Walt Disney, die Figur

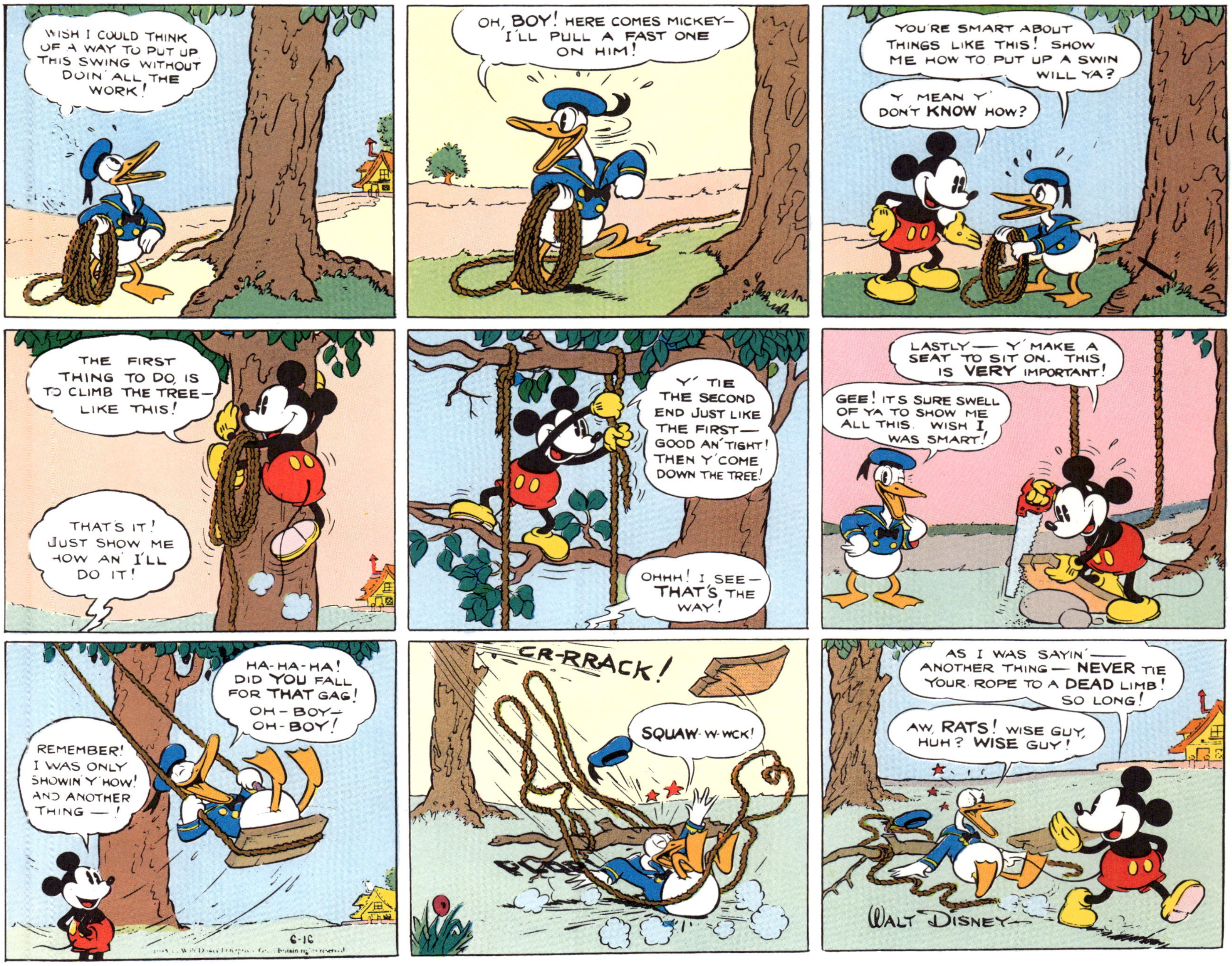

9

10

11

9 Üblicherweise spielte Donald seinen Freunden üble Streiche. In diesem Comicstrip aber ist Micky der Übeltäter.

10 Einer der ersten Comicstrips war ‚Das Geheimnis der Mäntel'. Der Strip wurde von Walt Disney und Ub Iwerks gezeichnet.

11 In der Geschichte ‚Micky Maus und die Geistervilla' hat Donald sein Äußeres schon verändert. Verantwortlich war dafür Al Taliaferro.

12

12 Topolino – das Mäuschen – präsentiert Paperino – Donald Duck! So heißen die beiden in Italien.

13 Diese Bergsteigergeschichte entstand in den frühen dreißiger Jahren!

14 - 15 - 16 Originalentwürfe eines Comicstrips: eine der ungezählten Begegnungen zwischen Donald und Dagobert Duck.

auszubauen. Donald, der bis dahin lediglich ein Freund von Micky und Minni war, bekam seinen eigenen Lebensraum. Disney, der einen Hang zur Perfektion hatte, stürzte sich mit Feuereifer auf jeden neuen Trickfilm, der in den Studios entstand. Neue Techniken wurden erfunden und ausprobiert. Das brachte ihn oft in finanzielle Schwierigkeiten. So kostete sein erster abendfüllender Zeichentrickfilm ‚Schneewittchen und die sieben Zwerge' zehnmal soviel wie ursprünglich geplant. Disney hätte diesen Film niemals fertigstellen können, wenn es nicht seine Donald-Filme gegeben hätte. Mit ihnen kam das nötige Geld in die Kasse, und sein Riesenprojekt konnte vollendet werden. Aber auch bei späteren Filmen oder beim Bau von Disneyland waren es die Filme mit Donald, die Walt Disney vor dem finanziellen Ruin retteten.
Als Dank drehte Disney zwei abendfüllende Trickfilme mit Donald in den Hauptrollen: ‚Saludos Amigos' und ‚The Three Caballeros'. Donald ist nicht nur die populärste Serienfigur der Welt, er wurde auch im Film von mehr Menschen gesehen als jeder andere Filmstar in der Geschichte des Films.

Fortsetzung in Band II

13

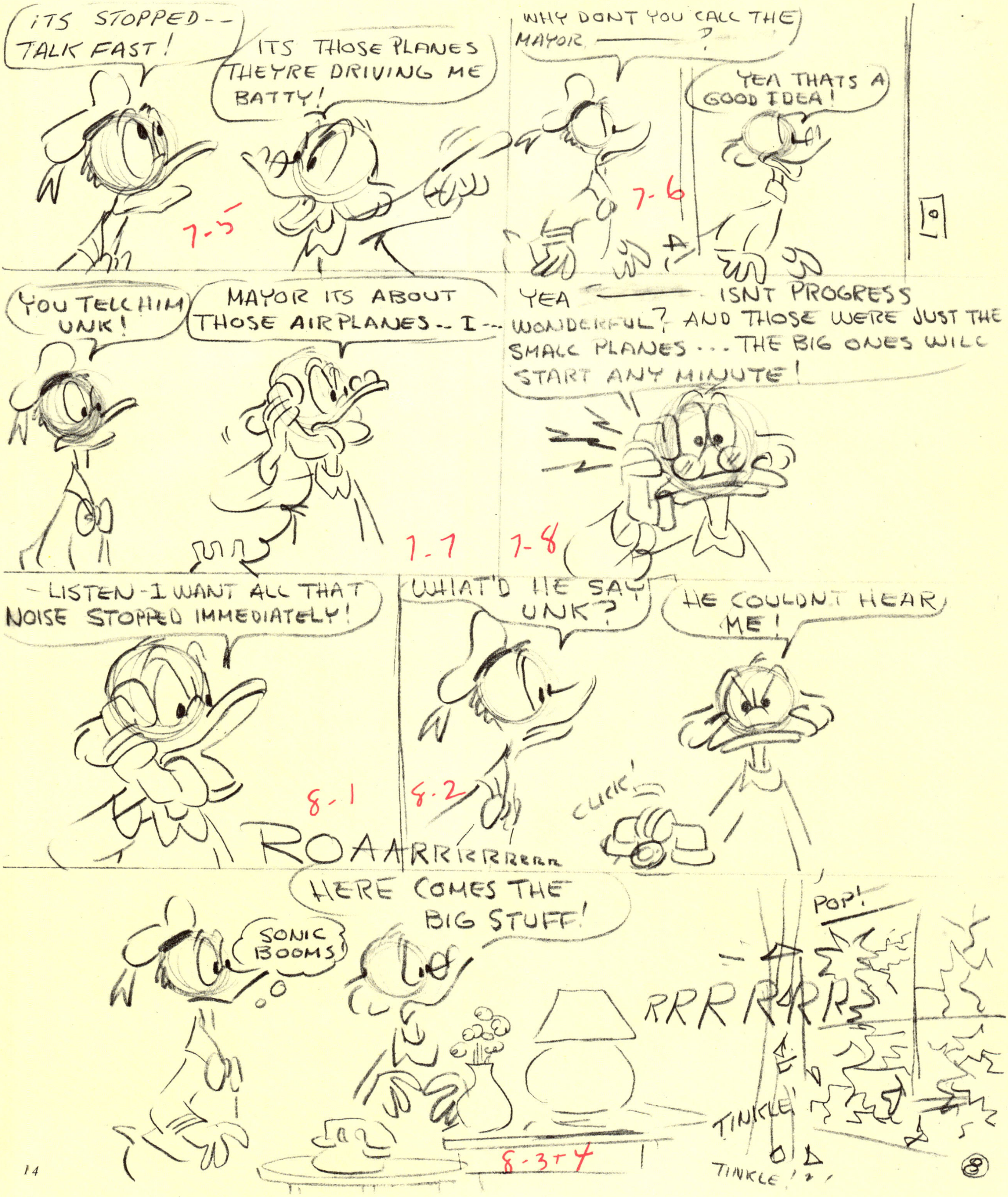

ITS STOPPED-- TALK FAST!
ITS THOSE PLANES THEYRE DRIVING ME BATTY!
7-5
WHY DONT YOU CALL THE MAYOR ———?
YEA THATS A GOOD IDEA!
7-6
YOU TELL HIM UNK!
MAYOR ITS ABOUT THOSE AIRPLANES -- I --
7-7
YEA ——— ISNT PROGRESS WONDERFUL? AND THOSE WERE JUST THE SMALL PLANES ... THE BIG ONES WILL START ANY MINUTE!
7-8
-LISTEN-I WANT ALL THAT NOISE STOPPED IMMEDIATELY!
8-1
ROAARRRRRRRRRR
WHAT'D HE SAY UNK?
8-2
HE COULDNT HEAR ME!
CLICK!
SONIC BOOMS
HERE COMES THE BIG STUFF!
POP!
RRRRRRR
TINKLE!
TINKLE!
8-3+4
14
8

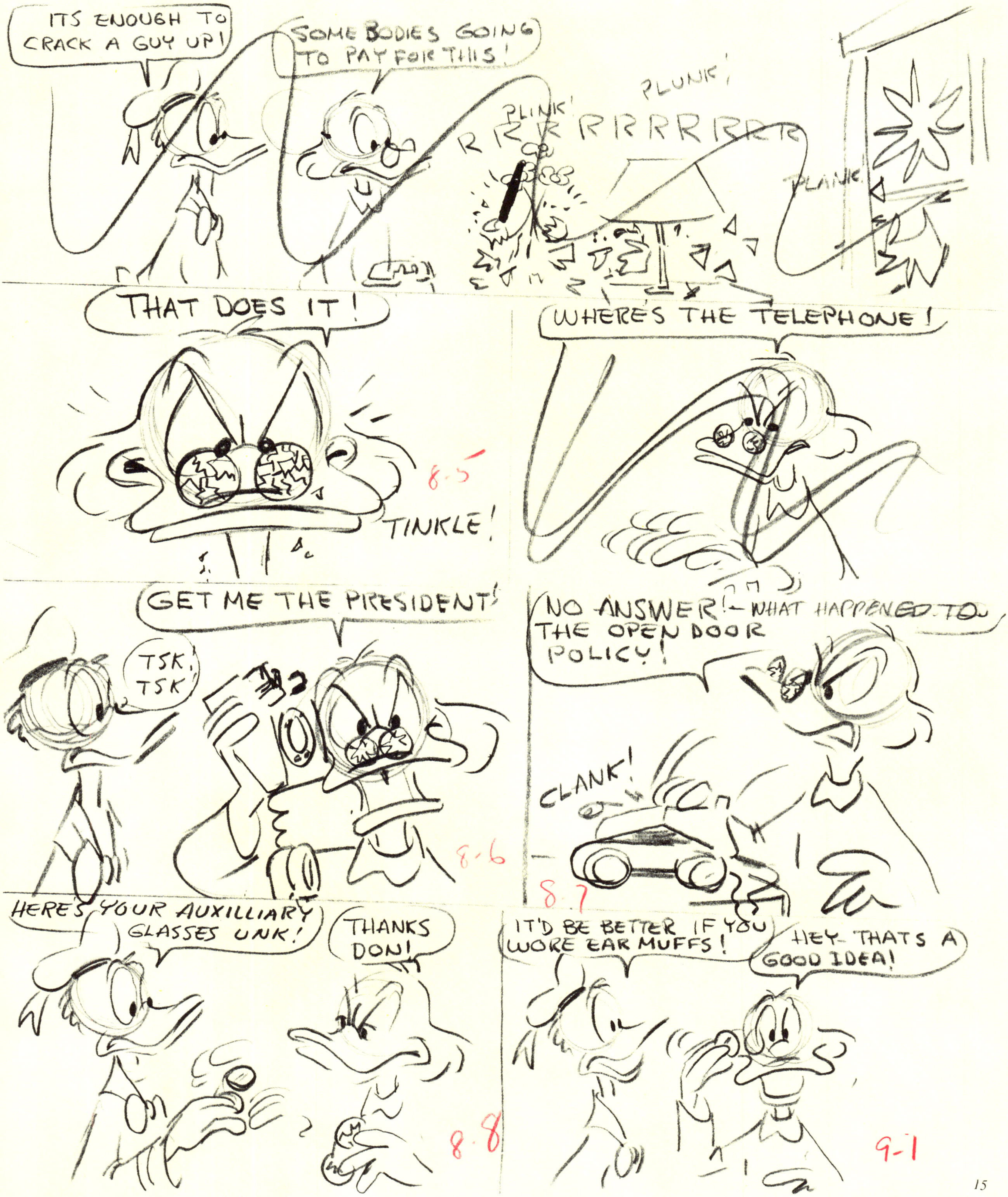
ITS ENOUGH TO CRACK A GUY UP!
SOMEBODIES GOING TO PAY FOR THIS!
PLINK!
PLUNK!
RRRRRRRRRRRRR
PLANK
THAT DOES IT!
TINKLE!
8-5
WHERES THE TELEPHONE!
GET ME THE PRESIDENT!
TSK, TSK!
8-6
NO ANSWER! — WHAT HAPPENED TO THE OPEN DOOR POLICY!
CLANK!
8-7
HERE'S YOUR AUXILLIARY GLASSES UNK!
THANKS DON!
8-8
IT'D BE BETTER IF YOU WORE EAR MUFFS!
HEY THATS A GOOD IDEA!
9-1
15

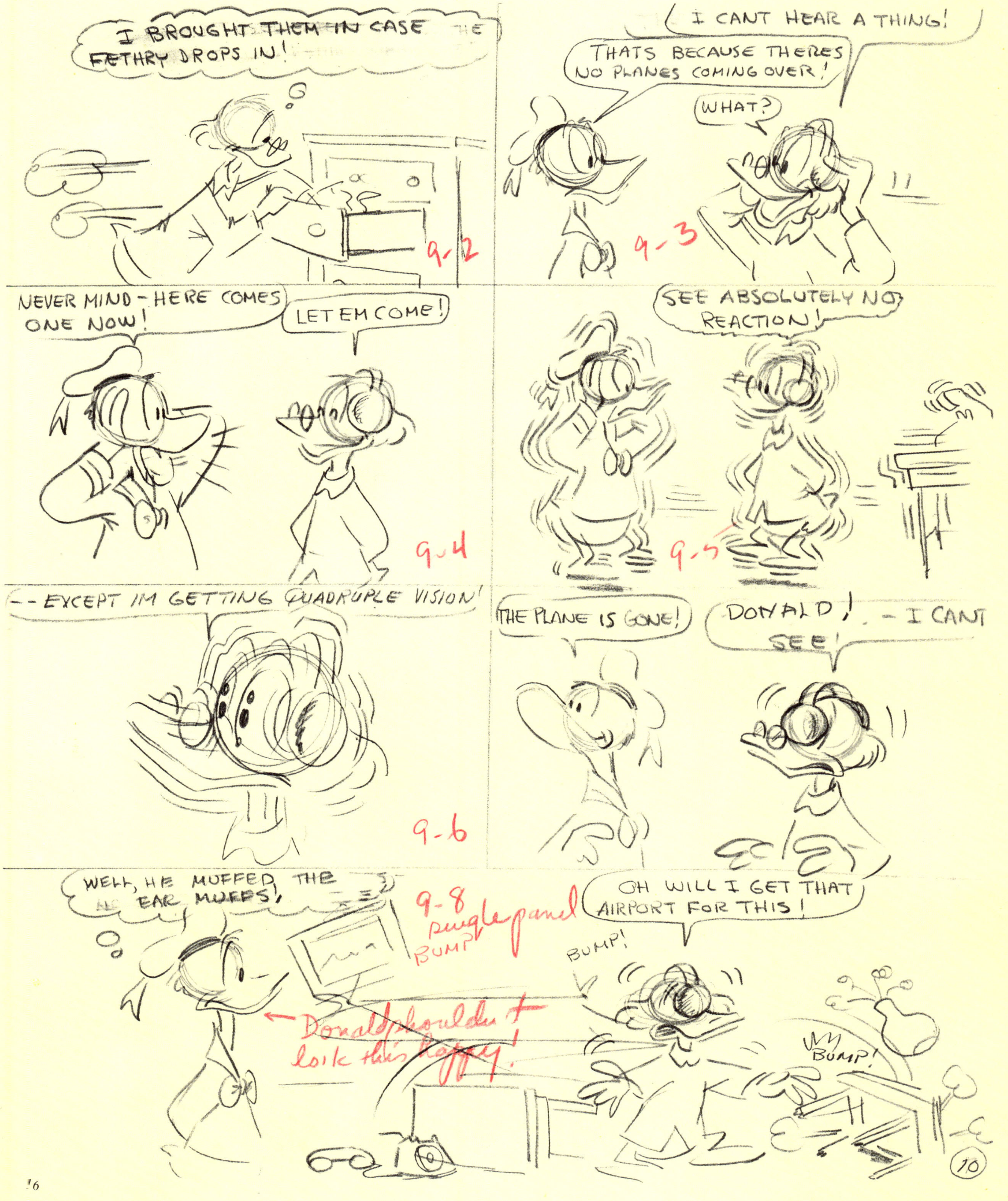
I BROUGHT THEM IN CASE FETHRY DROPS IN!
9-2
I CANT HEAR A THING!
THATS BECAUSE THERES NO PLANES COMING OVER!
WHAT?
9-3
NEVER MIND - HERE COMES ONE NOW!
LET EM COME!
9-4
SEE ABSOLUTELY NO REACTION!
9-5
-- EXCEPT IM GETTING QUADRUPLE VISION!
9-6
THE PLANE IS GONE!
DONALD! - I CANT SEE!
WELL, HE MUFFED THE EAR MUFFS!
9-8 single panel
BUMP
OH WILL I GET THAT AIRPORT FOR THIS!
BUMP!
BUMP!
Donald shouldn't look this happy!
10
16

Nordische Nächte

Nordische Nächte

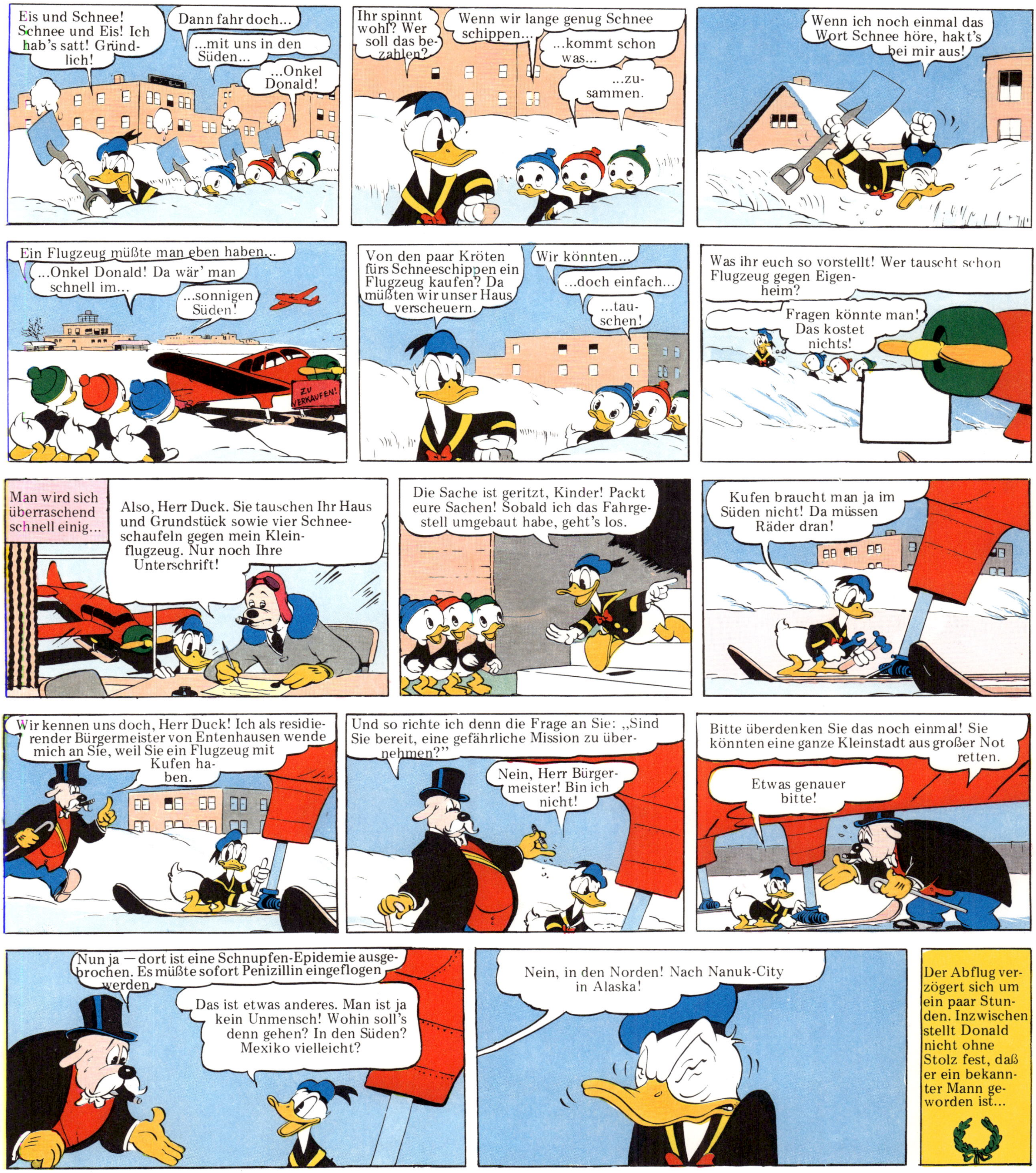

Wenn Onkel Donald sich noch etwas mehr in die Brust...
...wirft, fällt er...
...hintenüber!
Zeitschriften
HEUTE
DUCK HELD
PENIZILLIN FÜR NANUK-CITY
DONALD DUCK DER HELD DES TAGES!
BÜRGER ENTENHAUSENS RETTER IN DER NOT
ZEITUNGEN
Das sind die Leute, die das Penizillin nach Nanuk-City fliegen sollen!
Dann ist die Maschine jetzt unbewacht. Das ist unsere Chance!
Wir verstecken die Schachtel hinter den Sitzen.
Da findet sie keiner! Nur einer, der sucht!
Und nun das Telegramm!
Bitte dieses Telegramm nach Nanuk-City!
Sofort, mein Herr! Macht 18,50!
BUNDESPOST
FATTY FOOTSORE NANUK-CITY, ALASKA
WARE KOMMT MIT PENIZILLIN-MASCHINE JOE
Uns ist gar nicht wohl in unserer Haut!
Was kann auf einer Reise in den Norden nicht...
...alles passieren?
Nicht mehr als auf einer Reise in den Süden, ihr Angsthasen!
Im Morgengrauen hebt die Maschine ab und verschwindet schnell im düsteren Gewölk...
Hoch!
Gute Fahrt!
Da geht's schon los, Onkel Donald! Man sieht keinen Meter weit.
Laßt solche unheilschwangeren Töne! Wir haben Blindfluggerät und Radar!
Irgendwo über Kanada...
Die...
...Tragflächen sind...
...vereist, Onkel Donald!
Hab' ich längst gemerkt! Wir verlieren an Höhe.
Das bedeutet: Ballast abwerfen! Alles raus bis auf das Penizilin und einen Fallschirm! Der muß im Notfall für alle reichen.
Die guten Karamelbonbons!
Und die eisernen Rationen!
Und überhaupt!
Die Sitze auch raus!
Na seht ihr? Wir gewinnen wieder an Höhe!
Onkel Donald, hinter meinem Sitz war ein Päckchen. Gestern war es noch nicht da. Das weiß ich genau.
Hm, eine Bombe ist es nicht! Dazu ist es zu leicht. Macht auf jeden Fall mal auf!
Eine Blechschachtel!
Verschlossen!
„Eigentum von Alaska-Kid" steht drauf!
EIGENTUM VON ALASKA-KID

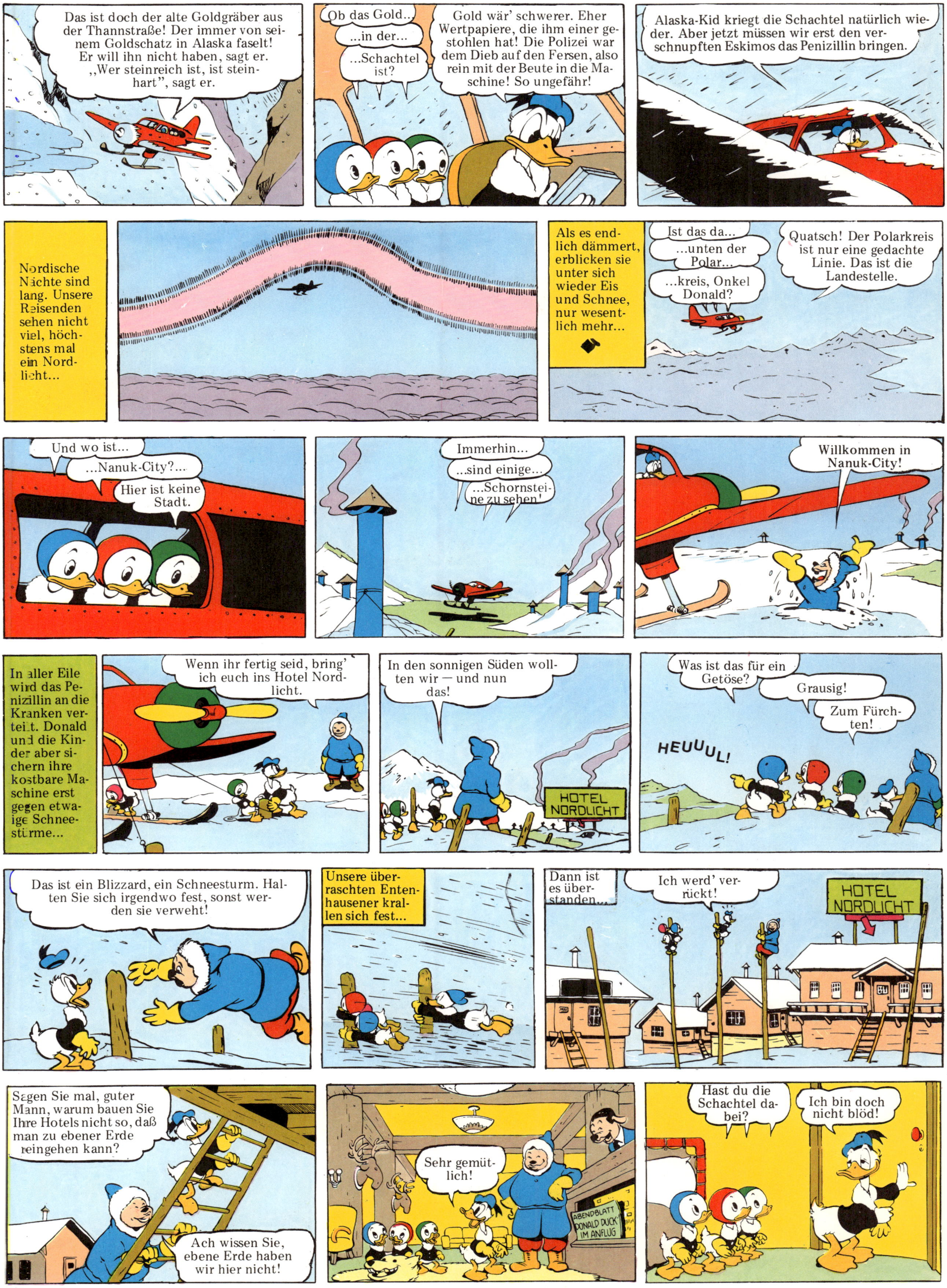
Das ist doch der alte Goldgräber aus der Thannstraße! Der immer von seinem Goldschatz in Alaska faselt! Er will ihn nicht haben, sagt er. „Wer steinreich ist, ist steinhart", sagt er.
Ob das Gold...
...in der...
...Schachtel ist?
Gold wär' schwerer. Eher Wertpapiere, die ihm einer gestohlen hat! Die Polizei war dem Dieb auf den Fersen, also rein mit der Beute in die Maschine! So ungefähr!
Alaska-Kid kriegt die Schachtel natürlich wieder. Aber jetzt müssen wir erst den verschnupften Eskimos das Penizillin bringen.
Nordische Nächte sind lang. Unsere Reisenden sehen nicht viel, höchstens mal ein Nordlicht...
Als es endlich dämmert, erblicken sie unter sich wieder Eis und Schnee, nur wesentlich mehr...
Ist das da...
...unten der Polar...
...kreis, Onkel Donald?
Quatsch! Der Polarkreis ist nur eine gedachte Linie. Das ist die Landestelle.
Und wo ist...
...Nanuk-City?...
Hier ist keine Stadt.
Immerhin...
...sind einige...
...Schornsteine zu sehen!
Willkommen in Nanuk-City!
In aller Eile wird das Penizillin an die Kranken verteilt. Donald und die Kinder aber sichern ihre kostbare Maschine erst gegen etwaige Schneestürme...
Wenn ihr fertig seid, bring' ich euch ins Hotel Nordlicht.
In den sonnigen Süden wollten wir — und nun das!
HOTEL NORDLICHT
Was ist das für ein Getöse?
Grausig!
Zum Fürchten!
HEUUUL!
Das ist ein Blizzard, ein Schneesturm. Halten Sie sich irgendwo fest, sonst werden sie verweht!
Unsere überraschten Entenhausener krallen sich fest...
Dann ist es überstanden...
Ich werd' verrückt!
HOTEL NORDLICHT
Sagen Sie mal, guter Mann, warum bauen Sie Ihre Hotels nicht so, daß man zu ebener Erde reingehen kann?
Ach wissen Sie, ebene Erde haben wir hier nicht!
Sehr gemütlich!
ABENDBLATT DONALD DUCK IM ANFLUG
Hast du die Schachtel dabei?
Ich bin doch nicht blöd!

Ich leg' sie unters Kopfkissen, und dann geh' ich gleich in die Falle. Ich bin todmüde!
Im Dunkel der nordischen Nacht...
Das ist die angekündigte Maschine, Foxy! Ich hol' die Schachtel raus. Du stehst Schmiere!
So eine Pleite! Die Ducks müssen sie gefunden haben.
Keine Sache! Dann kann sie nur im Hotel sein.
Und während die Helden schlafen...
Komisch! Die Typen haben nicht mal Koffer dabei! Wo ist...
Na klar! Wo denn sonst?
Was tun Sie hier?
Halt den Schnabel und frag nicht so dumm!
Ich hab' die Schachtel!
Warum bringst du den Kerl mit?
Weil er aufgewacht ist und Alarm geschlagen hätte!
Ach so!
Aber wie werden wir ihn wieder los?
Nun verlier bloß nicht die Nerven, Foxy!
Erst mal hier weg! Später lassen wir ihn laufen. Aber bis der auspacken kann, sind wir längst in Rio!
Wo wird das noch enden? Ich ahne Schlimmes!
Eh wir uns absetzen, Fatty, sieh zur Sicherheit nach, ob in der Schachtel auch was drin ist!
Kann nix schaden!
Ein kleiner Dreh mit dem Schraubenzieher genügt!
Jawohl! Alaska-Kids Lageplan mit Claim, die Hauptsache!
Aha, das Gold ist unter der Abraumhalde versteckt. Darum hat's nie jemand gefunden!
QUERSTOLLEN
HAUPTSTOLLEN
ANHÖHE
ABRAUMHALDE
HÜTTE
VERSTECK

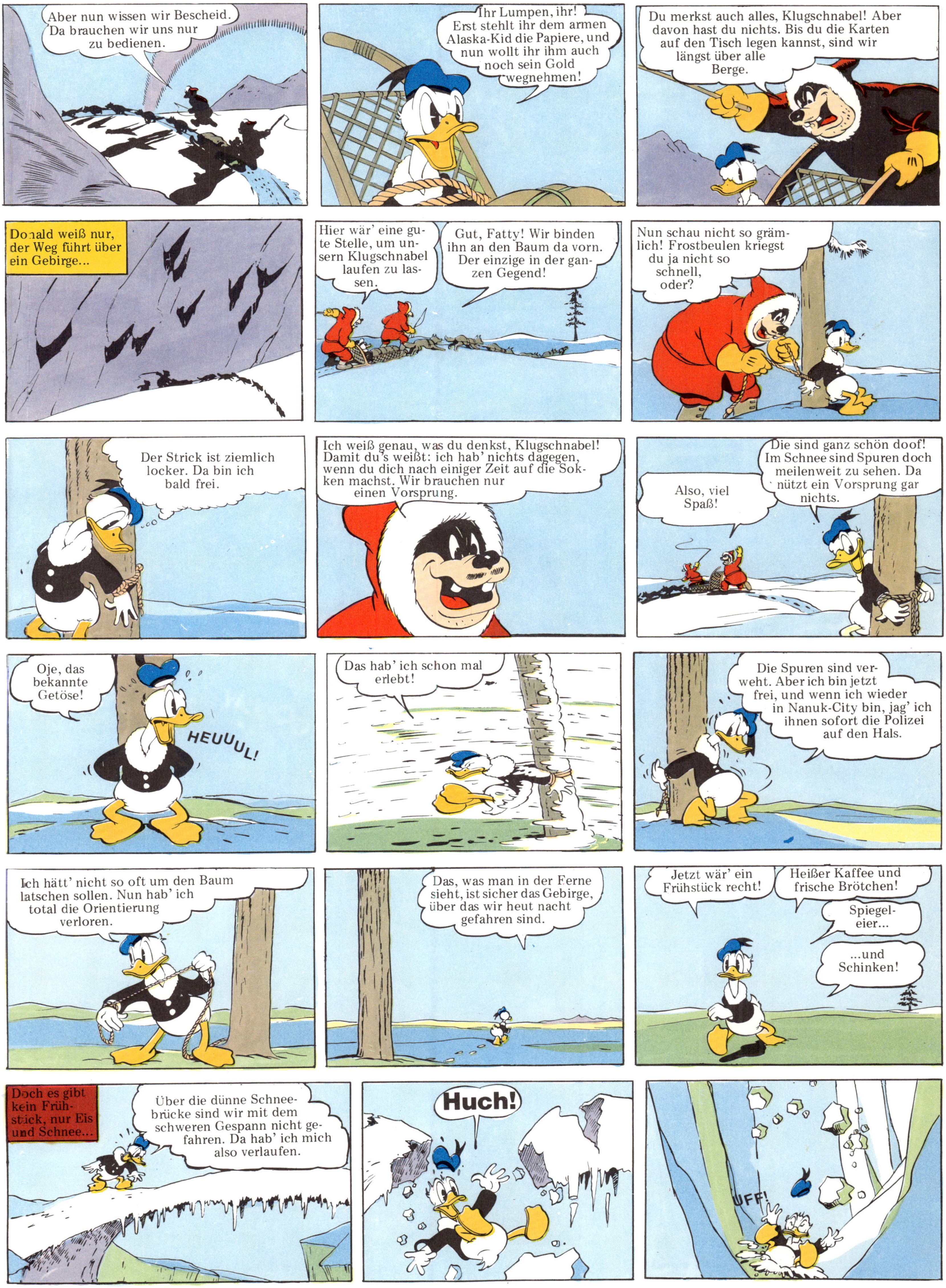
Aber nun wissen wir Bescheid. Da brauchen wir uns nur zu bedienen.
Ihr Lumpen, ihr! Erst stehlt ihr dem armen Alaska-Kid die Papiere, und nun wollt ihr ihm auch noch sein Gold wegnehmen!
Du merkst auch alles, Klugschnabel! Aber davon hast du nichts. Bis du die Karten auf den Tisch legen kannst, sind wir längst über alle Berge.
Donald weiß nur, der Weg führt über ein Gebirge...
Hier wär' eine gute Stelle, um unsern Klugschnabel laufen zu lassen.
Gut, Fatty! Wir binden ihn an den Baum da vorn. Der einzige in der ganzen Gegend!
Nun schau nicht so grämlich! Frostbeulen kriegst du ja nicht so schnell, oder?
Der Strick ist ziemlich locker. Da bin ich bald frei.
Ich weiß genau, was du denkst, Klugschnabel! Damit du's weißt: ich hab' nichts dagegen, wenn du dich nach einiger Zeit auf die Socken machst. Wir brauchen nur einen Vorsprung.
Also, viel Spaß!
Die sind ganz schön doof! Im Schnee sind Spuren doch meilenweit zu sehen. Da nützt ein Vorsprung gar nichts.
Oje, das bekannte Getöse!
HEUUUL!
Das hab' ich schon mal erlebt!
Die Spuren sind verweht. Aber ich bin jetzt frei, und wenn ich wieder in Nanuk-City bin, jag' ich ihnen sofort die Polizei auf den Hals.
Ich hätt' nicht so oft um den Baum latschen sollen. Nun hab' ich total die Orientierung verloren.
Das, was man in der Ferne sieht, ist sicher das Gebirge, über das wir heut nacht gefahren sind.
Jetzt wär' ein Frühstück recht!
Heißer Kaffee und frische Brötchen!
Spiegeleier...
...und Schinken!
Doch es gibt kein Frühstück, nur Eis und Schnee...
Über die dünne Schneebrücke sind wir mit dem schweren Gespann nicht gefahren. Da hab' ich mich also verlaufen.
Huch!
UFF!

Das hört sich doch schon wieder nach Blizzard an?
HEUUUL!
Wenn ich nicht dauernd steige, werd' ich lebendig begraben.
Ächz! Stöhn!
Der Sturm legt sich. Doch wo einst ein Abgrund war, erblickt man jetzt eine unschuldig weiße Schneefläche...
Verflixt! Nun ist mir auch noch Schnee in den Kragen gekommen!
Was jetzt? Am besten zurück zum Baum!
Aber wo ist er?
Hügel sind auch keine mehr da!
Und alles sieht so verschwommen aus!
Das einzige, was ich weiß, ist, daß ich irgendwo in Alaska bin!
Nach langem, tiefem Schlaf sind auch Tick, Trick und Track wach geworden...
He, Onkel Donald!
Zeit zum...
...Aufstehen!
Aufstehen, hab' ich gesagt! Huch... er ist nicht da. Er ist weg!
Daß Onkel Donald weggeht...
...ohne uns was zu sagen...
...ist ein starkes Stück!
Herrje, die Schachtel ist auch weg! Man hat sie geklaut mitsamt unserm Onkel!
Polizei! Polizei!
Rufen Sie die Polizei!
Unser Onkel ist entführt worden!
BESUCHT DEN SONNIGEN SÜDEN
Sofort schwärmen die vom Stockschnupfen genesenen Eskimos nach allen Seiten aus, um ihren Wohltäter zu suchen...
Hüa!
Hüa!
Hüa!
Hott!
Pah, Hundeschlitten!
Wir suchen...
...mit dem Flugzeug!
Halt! Ihr habt bestimmt keinen Pilotenschein. Ohne Schein darf man auch in Alaska nicht fliegen. Sofort zurück ins Hotel!
Aber wir können die Maschine fliegen!
Prima...
...sogar!
Daß Kinder nie gehorchen können! Ich hab' sie glatt in ihr Zimmer einsperren müssen. Aber es ist zu ihrem Besten.
KLICK!
Inzwischen hat sich Donalds Lage bedeutend verschlechtert. Von der gleißenden Helle sind seine Augen angegriffen, und so stolpert er blind wie die sprichwörtliche Henne durch die Gegend...
Es ist schon dunkel. Na ja, die Tage im Norden sind eben sehr kurz!

Nur gut, daß der Schnee hart ist und man nicht einsinkt! Auch in einen See...
...kann man nicht tapsen! Hierzulande ist ja alles zugefroren!
Es knirscht so eigentümlich! Wie Eisschollen im Wasser!
Man ahnt nichts von Gefahr, und das Glück will's, daß sich das Treibeis vor ihm zusammenfügt...
Der Boden schwankt so unter den Füßen!
Aber er ist glatt wie Parkett!
Manchmal auch wie mit Teppich belegt!
Beruhigend ist, daß es in diesen Breitengraden keine wilden Tiere gibt!
Es ist einfach zu kalt! Selbst für Walrösser!
Allerdings hör' ich schweres Atmen. Aber das muß wohl eine Sinnestäuschung sein.
Inzwischen machen die Kinder alle Anstrengungen, um aus ihrem Hotelzimmer zu entkommen...
Endlich! Jetzt klappt's!
Los, Leute! Wir fliehen über die Feuerleiter!
Niemand hat uns gesehen! Also, schnell zum Flugzeug!
Wieviel Sprit haben wir noch?
Nicht viel!
Zum Tanken ist keine Zeit!
Los, Leinen kappen und einsteigen!
Onkel Donald...
...wir...
...kommen!
Erst brausen wir mal los!
Und dann fangen wir an zu kreisen und zu suchen!
Bislang ist Donald allen Gefahren entronnen. Doch Glückssträhnen solch wundersamer Art können jeden Augenblick abreißen...
Wenn das Penizillin nicht erfunden worden wär', säß' ich jetzt im Süden und ließ' mir die Sonne auf den Bauch scheinen!

Oha, ich bin wo angebumst!
An was Großes, Rundes! Kann eigentlich nur ein Eskimo-Haus sein, ein Iglu!
Wo ein Iglu ist, ist auch ein Eskimo nicht weit!
Hallo! Hier Donald Duck aus Entenhausen!
Er antwortet nicht! Hoffentlich ist er gastfreundlich!
Doch dem Bewohner des Iglus ist Gastfreundschaft gar kein Begriff...
Grüß Gott! Schön mollig warm ist's hier drin!
Seltsames Benehmen! Wahrscheinlich vor Schreck erstarrt, weil nicht an Besuch gewöhnt! Da hilft nur gutes Zureden mit einer Stimme süß wie Honig!
Einen hübschen Pelzmantel haben Sie an! So was kostet bei uns unter Brüdern glatt seine 5000 Taler.
Bei uns in Entenhausen braucht man so was nur im Winter!
Aber hier im kalten Norden lohnen sich natürlich solche Ausgaben.
KNURR!
Oh, da hab' ich was Falsches gesagt!
Das ist überhaupt ein Hund! Aber so groß?
Er verfolgt mich! Ich hör' die Bestie hecheln!
Geh zu Herrchen, Harro! Der mag es nicht, wenn du wegläufst!
Nichts zu sehen als ein einsamer Baum!
Wir müssen eben...
...weitersuchen!
Sicher! Aber der Sprit reicht nur noch für 20 Minuten!
Aber...
10 Minuten vorbei! Irgendwas gesehen?
Nichts als dicke Walrösser und einen Iglu!
Den Iglu sollten wir uns genauer betrachten!
Geh tiefer, Tick! Ich erkenne Spuren im Schnee!

Onkel Donalds Spuren! Hurra!
Und eine Bärenfährte! Oje!
Da braucht er Hilfe!
Aber hier kann ich nirgends landen.
Weiß ich! Hol unsern Fallschirm raus und tu genau, was ich sage!
Ein Flugzeug! Aber mit dem Untier auf den Fersen kann ich kein Notsignal geben.
Iiih, ich schwebe!
He!
Wir haben ihn!
Keine Angst, Onkel Donald!
Wir holen dich gleich rein!
Wie habt ihr mich in der Dunkelheit nur gefunden?
In der Dunkelheit?
Der Ärmste! Er ist schneeblind. Holt schnell den Erste-Hilfe-Kasten!
Während Track Onkel Donalds Augen versorgt...
Aber Tick, Nanuk-City liegt doch in der entgegengesetzten Richtung!
Weiß ich, aber der Saft ist alle. Ich suche eine Stelle, wo ich landen kann.
Gleich sind wir aus dem Tal raus. Dann geht's! Da seh' ich auch eine Hütte!
Endstation!
Tatsächlich eine Hütte! Sogar bewohnt!
Ein irres Glück!
Weiß Gott!
Los!

Wer so einsam lebt, ist sicher...
...froh, wenn jemand...
...zu Besuch kommt.
Ihr schon wieder!
Die Stimme kenn' ich! Das ist der Typ, der mich entführt hat! Bloß weg hier!
Halt! Zurückkommen! Mit erhobenen Händen! Und macht ja keine Zicken! Damit kommt ihr bei mir nicht durch!
Die ganze Sippe im Haus! Was nun, Fatty?
Ist doch alles bestens!
Gold!
Und so viel!
Säckeweise!
Das gehört Alaska-Kid!
Mund halten, sonst werd' ich ungemütlich!
Immer kommt was dazwischen! Ich hab' die Nase voll!
Du bist zu dämlich! Kapierst du nicht, daß das ein Glücksfall ist? Die haben doch ein Flugzeug! Und wir haben Sprit!
Wenn die unser Flugzeug nehmen, sitzen wir da!
Wir müssen eben hier raus!
Das Fenster ist leider von außen verriegelt.
Halt, der Kamin! Das müßte gehen!
Na, der ist aber reichlich eng!
Da quetschen wir uns schon durch.
Klar! Nur die Jacken müssen wir ausziehen.
Na also!
Pst, Onkel Donald!
Klettere aus dem Fenster!
Und bring unsere Jakken mit!
Was nun?
Halt!
Seht euch das an, Brüder! Ein paar Rollen Draht und ein großes Faß Benzin!
Hat wahrscheinlich eine andere Bande hiergelassen, die auch hinter Alaska-Kids Gold her war! Aber egal! Tankt die Maschine auf! Ich habe noch was zu erledigen.
Diese Typen sollen es bereuen, daß sie sich mit mir angelegt haben!

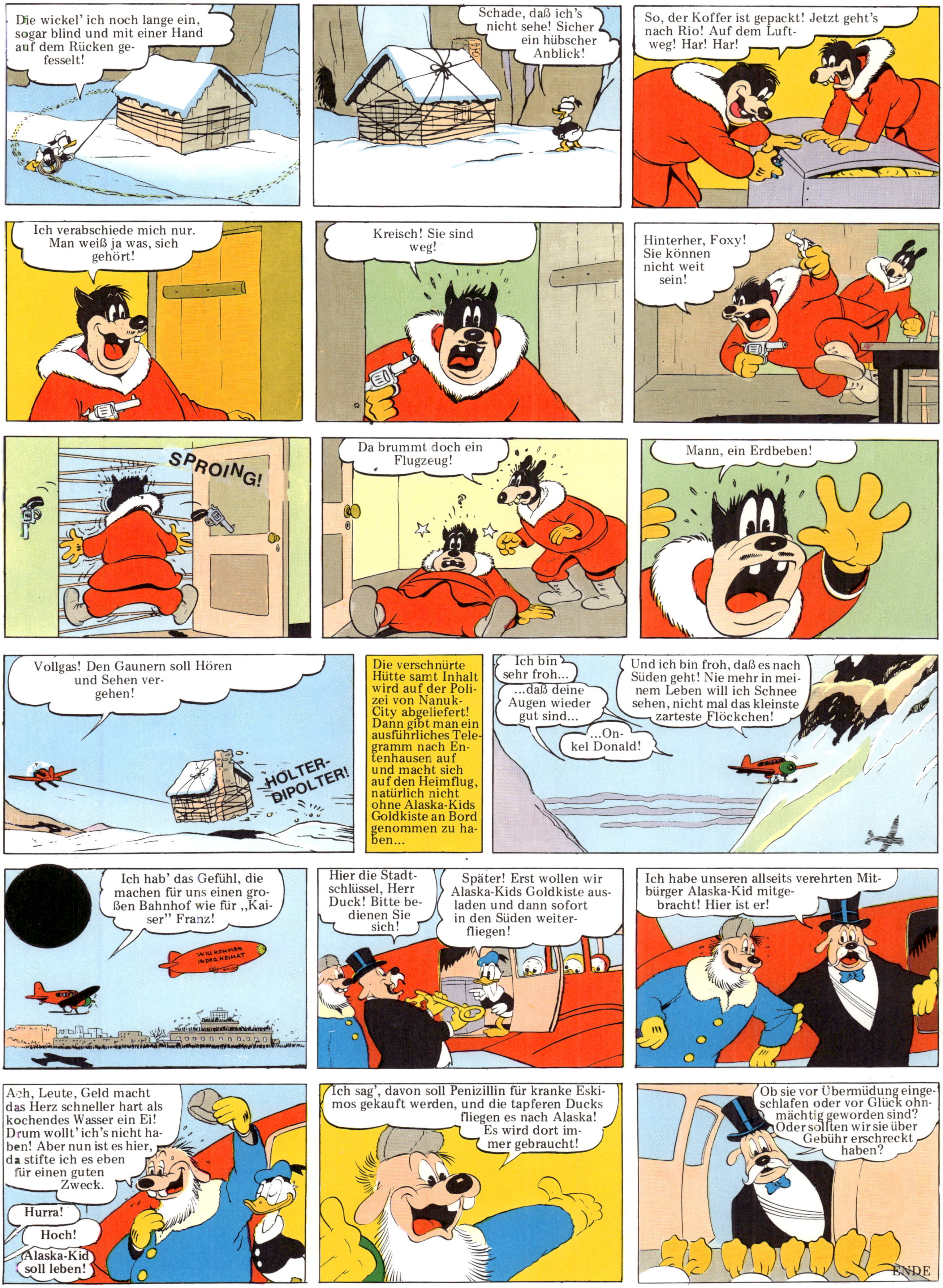
Die wickel' ich noch lange ein, sogar blind und mit einer Hand auf dem Rücken gefesselt!
Schade, daß ich's nicht sehe! Sicher ein hübscher Anblick!
So, der Koffer ist gepackt! Jetzt geht's nach Rio! Auf dem Luftweg! Har! Har!
Ich verabschiede mich nur. Man weiß ja was, sich gehört!
Kreisch! Sie sind weg!
Hinterher, Foxy! Sie können nicht weit sein!
SPROING!
Da brummt doch ein Flugzeug!
Mann, ein Erdbeben!
Vollgas! Den Gaunern soll Hören und Sehen vergehen!
HOLTER-DIPOLTER!
Die verschnürte Hütte samt Inhalt wird auf der Polizei von Nanuk-City abgeliefert! Dann gibt man ein ausführliches Telegramm nach Entenhausen auf und macht sich auf den Heimflug, natürlich nicht ohne Alaska-Kids Goldkiste an Bord genommen zu haben...
Ich bin sehr froh...
...daß deine Augen wieder gut sind...
...Onkel Donald!
Und ich bin froh, daß es nach Süden geht! Nie mehr in meinem Leben will ich Schnee sehen, nicht mal das kleinste zarteste Flöckchen!
Ich hab' das Gefühl, die machen für uns einen großen Bahnhof wie für „Kaiser" Franz!
WILLKOMMEN IN DER HEIMAT
Hier die Stadtschlüssel, Herr Duck! Bitte bedienen Sie sich!
Später! Erst wollen wir Alaska-Kids Goldkiste ausladen und dann sofort in den Süden weiterfliegen!
Ich habe unseren allseits verehrten Mitbürger Alaska-Kid mitgebracht! Hier ist er!
Ach, Leute, Geld macht das Herz schneller hart als kochendes Wasser ein Ei! Drum wollt' ich's nicht haben! Aber nun ist es hier, da stifte ich es eben für einen guten Zweck.
Hurra!
Hoch!
Alaska-Kid soll leben!
Ich sag', davon soll Penizillin für kranke Eskimos gekauft werden, und die tapferen Ducks fliegen es nach Alaska! Es wird dort immer gebraucht!
Ob sie vor Übermüdung eingeschlafen oder vor Glück ohnmächtig geworden sind? Oder sollten wir sie über Gebühr erschreckt haben?
ENDE

Im Land der viereckigen Eier

Im Land der viereckigen Eier

Der Unterassistent gibt den Befehl den Hilfsassistenten weiter...
Assistent vier, fünf und sechs! Antreten! Stillgestanden!
Bereitet dem Professor sofort ein Omelett! Und nehmt den Kaugummi aus dem Mund!
Jawohl!
Jawohl!
Jawohl!
Ein Omelett? Wie macht man ein Omelett?
Man rührt ein paar Eier zusammen, denk' ich.
Ach du mein Schreck! Wir haben keine Eier an Bord. Was machen wir jetzt?
SCHINKEN
Orangensaft
ERBSE
MEHR ERBSEN
AUCH ERBSEN
Wir nehmen ein paar von den viereckigen Eiern aus dem Museum. Das merkt keiner.
VORSICHT! ZERBRECHLICH! UNERSETZLICH!
SCHIFFS ZWIEBAC
Die Dinger sind mindestens tausend Jahre alt.
Man riecht's!
Später...
Hier bitte! Aber laß es nicht fallen!
Ihr habt mir keine Befehle zu erteilen! Und nehmt den Kaugummi aus dem Mund!
Der Professor wird es nicht merken, wenn ich mir ein Kosthäppchen nehme.
Gah!...!!! Ein höchst seltsamer Geschmack!
Donald übergibt das Omelett dem Oberassistenten...
Das Omelett, Herr Dr. Dübelstein!
Zeit wird's!
Niemand wird merken, wenn ich ein bißchen davon nasche.
Arrr-rrgh! Völlig verwürzt! Aber vielleicht sagt es dem Professor zu.
Das Omelett, Herr Dr. Drömmelbart!
Gut! Ich werde davon kosten, um zu sehen, ob es ordnungsgemäß zubereitet worden ist.
Yoops! Eine ziemlich vollsaftige Angelegenheit! Aber vielleicht sagt es dem Professor zu.
Am nächsten Morgen...
Wo ist Professor Poggenpuhl?
Und seine Assistenten? Sie haben noch nicht gefrühstückt.
Ich hol' sie.
Man braucht Hilfe...
Herr Kapitän, Herr Kapitän! Kommen Sie schnell! Der Professor und seine Assistenten sind ganz grün im Gesicht...
Der Schiffsarzt tritt in Tätigkeit...
Ich fürchte, ein Anfall von Bauchgrimmum imposantum colossale. Ein Leiden, bei dem sich die Magennerven zu viereckigen Knoten zusammenziehen.

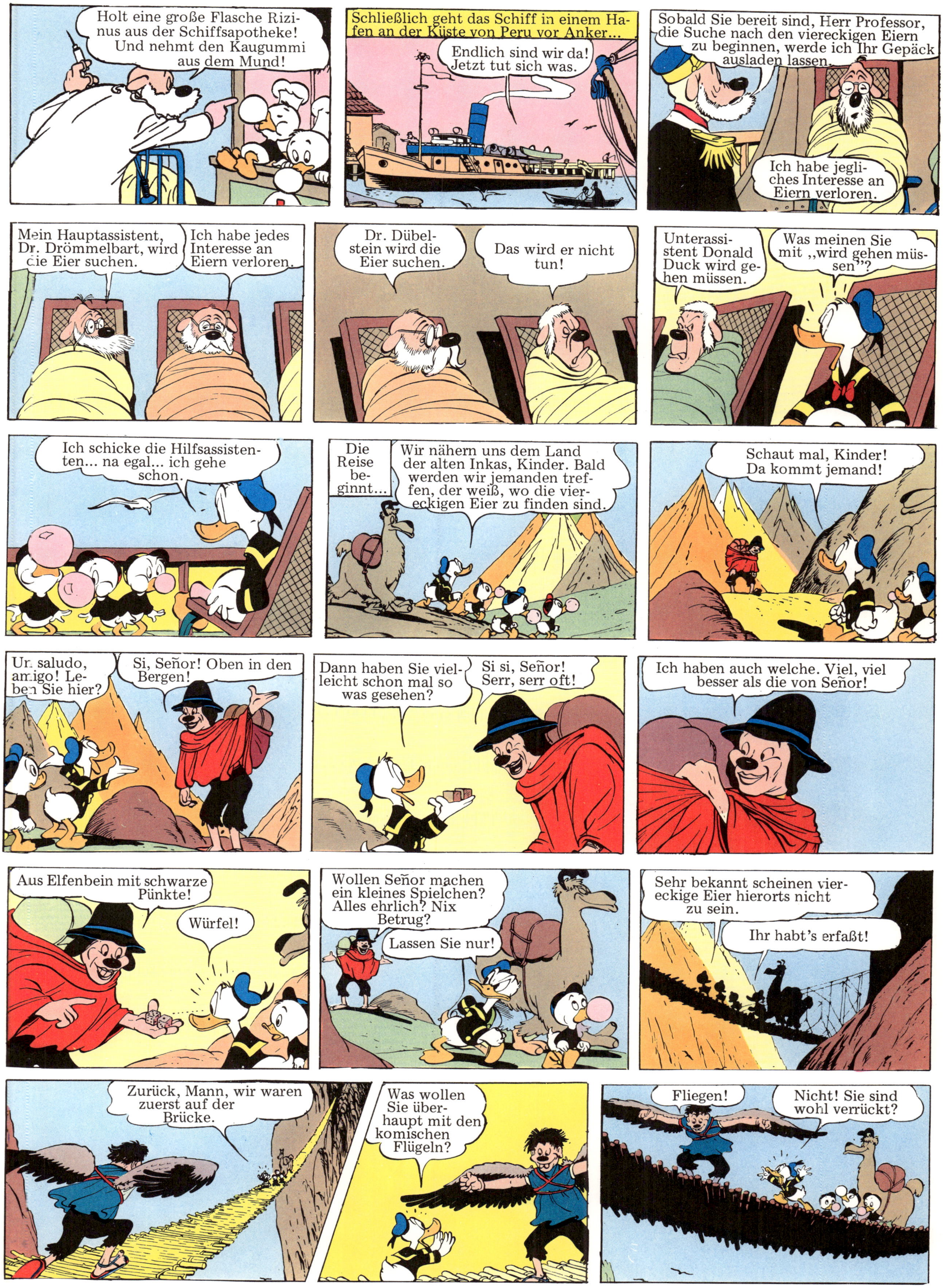
Holt eine große Flasche Rizinus aus der Schiffsapotheke! Und nehmt den Kaugummi aus dem Mund!
Schließlich geht das Schiff in einem Hafen an der Küste von Peru vor Anker...
Endlich sind wir da! Jetzt tut sich was.
Sobald Sie bereit sind, Herr Professor, die Suche nach den viereckigen Eiern zu beginnen, werde ich Ihr Gepäck ausladen lassen.
Ich habe jegliches Interesse an Eiern verloren.
Mein Hauptassistent, Dr. Drömmelbart, wird die Eier suchen.
Ich habe jedes Interesse an Eiern verloren.
Dr. Dübelstein wird die Eier suchen.
Das wird er nicht tun!
Unterassistent Donald Duck wird gehen müssen.
Was meinen Sie mit „wird gehen müssen"?
Ich schicke die Hilfsassistenten... na egal... ich gehe schon.
Die Reise beginnt...
Wir nähern uns dem Land der alten Inkas, Kinder. Bald werden wir jemanden treffen, der weiß, wo die viereckigen Eier zu finden sind.
Schaut mal, Kinder! Da kommt jemand!
Un saludo, amigo! Leben Sie hier?
Si, Señor! Oben in den Bergen!
Dann haben Sie vielleicht schon mal so was gesehen?
Si si, Señor! Serr, serr oft!
Ich haben auch welche. Viel, viel besser als die von Señor!
Aus Elfenbein mit schwarze Pünkte!
Würfel!
Wollen Señor machen ein kleines Spielchen? Alles ehrlich? Nix Betrug?
Lassen Sie nur!
Sehr bekannt scheinen viereckige Eier hierorts nicht zu sein.
Ihr habt's erfaßt!
Zurück, Mann, wir waren zuerst auf der Brücke.
Was wollen Sie überhaupt mit den komischen Flügeln?
Fliegen!
Nicht! Sie sind wohl verrückt?

Richtig! Varrückt! Alle sagen, ich varrückt! Ich ganz varrücktes Huhn!
Und was tun der Señor hier?
Ich suche viereckige Eier.
Viereckige Eier?
Pablo! Manco! Tupec! Hier noch ein varrücktes Huhn!
Viel varrückter als ich!
Die Eiersuche führt auf schmalen Gebirgspfaden auf die Gipfel der Anden...
Wenn mir der Nächste, den wir nach viereckigen Eiern fragen, keine vernünftige Antwort gibt, krieg' ich einen Schreikrampf.
Saludas, Señores! Sie betrachten schöne Gegend?
Nein! Ich — na, egal!
Dies hier sind viereckige Eier. Ob Sie's glauben oder nicht! Wissen Sie, wo man sie hier findet?
Viereckige Eier Sie sagen? Nicht Steine?
Ich zahle gut dafür. 2 Pesos für das Dutzend!
2 Pesos für das Dutzend? Das sein serr, serr viel Pesos.
Für soviel Pesos der Señor finden alles, was er suchen im nächsten Dorf.
Oh, besten Dank!
Achtung! Achtung! Wichtige Meldung zur Marktlage!
Die Botschaft kommt an..
2 PESOS DAS DUTZEND
Junge, Junge! Viereckige Eier in Massen! Ich kaufe den ganzen Vorrat.
Komisch, daß viereckige Eier plötzlich in Hülle und Fülle da sind.
Vor kurzem hat noch niemand von viereckigen Eiern gewußt.
Wer so viele viereckige Eier verkaufen kann, muß eine große Schar viereckiger Hühner haben.
Ich sehe nicht mal runde Hühner.
Weder rebhuhnfarbene Italiener!
Noch weiße Leghörner!
Aber ich sehe eine Betonmischer und viereckige Formen.

Onkel Donald!
Das war für unsere Reisenden ein harter Schlag. Enttäuscht und entmutigt schlagen sie auf einem Paß in den Anden ihr Lager auf...
Nehmt den Kaugummi aus dem Mund!
Du bist auch gemeint.
Wie geht's, Alterchen? Haben Sie so was schon mal gesehen?
Was, Señor?
Ein viereckiges Ei! Hier!
Ich sein alter Mann. Ich können nicht mehr gut sehen.
Nicht verzweifeln, Onkel Donald!
Laß uns mit ihm reden!
Das war ein Ei mit einer viereckigen Schale, die wie ein Stein aussieht.
Hier! Noch eins! Fühlen Sie mal!
Haben Sie so ein Ei schon mal gesehen?
Hm... die Schale...
Die Schale fühlen sich an, wie... ich sein alter Mann. Ich müssen nachdenken.
Si si, Señores! Ich habe gesehen... vor lange, lange Zeit... ich denken, es sein Stein.
Ich sein muchacho, kleines Kind... mein Vater so ein Ei in barranca haben... wir wohnen dort, wo großer Nebel anfangen.
Wo hatte er es her?
Das sein vor langer Zeit passiert. Ich erst nachdenken, dann mich wieder erinnern.
Lange bevor ich waren geboren, Vater jagen Vicuna. Er sehen plötzlich Mann aus Nebel kommen... Mann halbtot vor Hunger und Kälte.
Mein Vater nicht verstehen, was er sagen. Fremder Mann halb verrückt... mein Vater nicht können helfen... Fremder krank... er sterben.
Wer war er?
Quien sabe? Keinen Namen wissen... er haben nichts bei sich... nur Lumpen und Poncho voll mit kleinen viereckigen Steinchen.
Die Eier!
Später mein Vater tragen Steine zu Padre Felipe in Cuzco. Ein paar er behalten. Die ich sehen als muchacho.
Und die Steine...
Die viereckigen Eier...
Die, die er nach Cuzco gebracht hat, müssen die sein, die jetzt in unserm Museum sind.

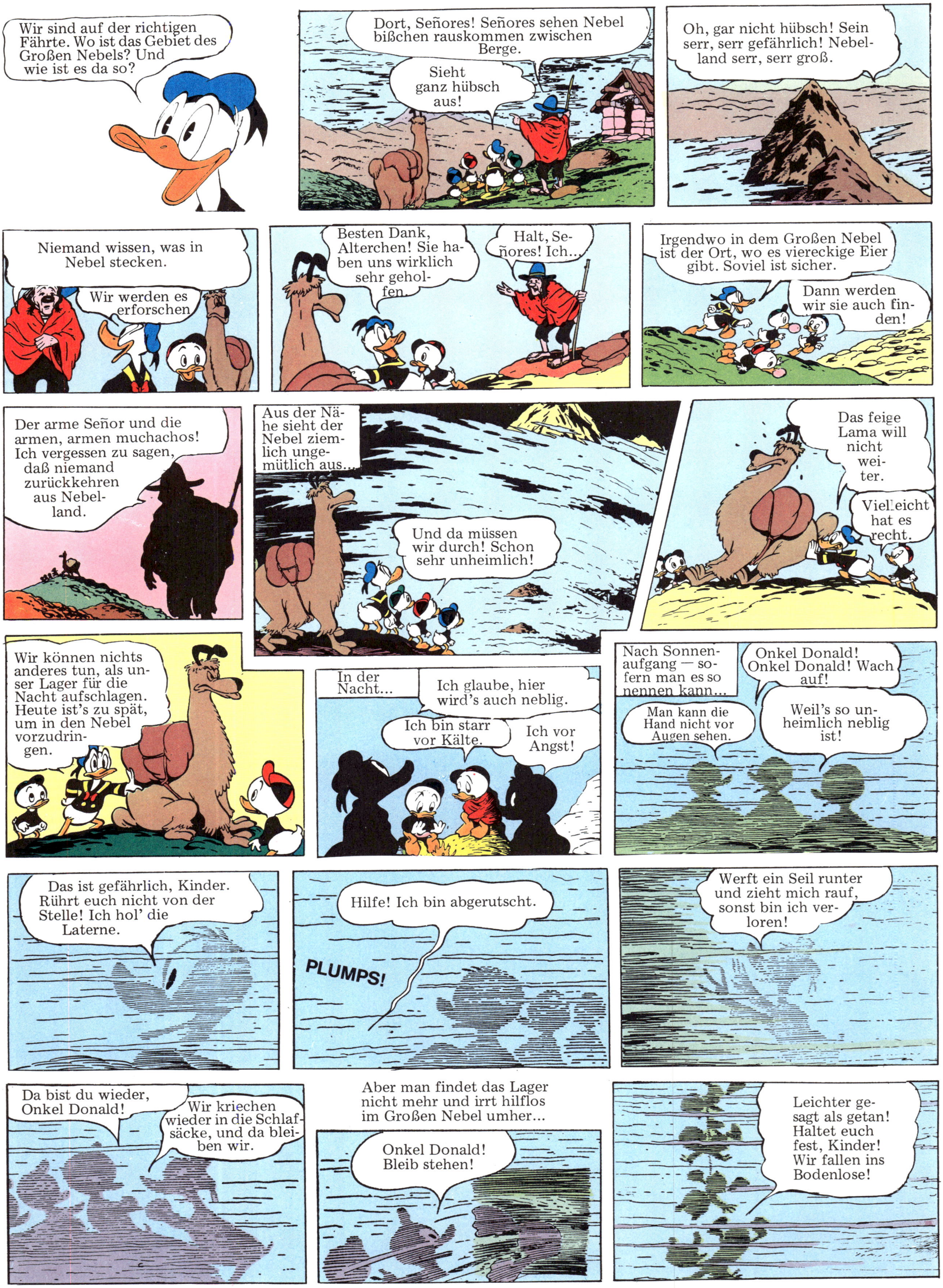

Wir sind auf der richtigen Fährte. Wo ist das Gebiet des Großen Nebels? Und wie ist es da so?
Dort, Señores! Señores sehen Nebel bißchen rauskommen zwischen Berge.
Sieht ganz hübsch aus!
Oh, gar nicht hübsch! Sein serr, serr gefährlich! Nebelland serr, serr groß.
Niemand wissen, was in Nebel stecken.
Wir werden es erforschen
Besten Dank, Alterchen! Sie haben uns wirklich sehr geholfen.
Halt, Señores! Ich...
Irgendwo in dem Großen Nebel ist der Ort, wo es viereckige Eier gibt. Soviel ist sicher.
Dann werden wir sie auch finden!
Der arme Señor und die armen, armen muchachos! Ich vergessen zu sagen, daß niemand zurückkehren aus Nebelland.
Aus der Nähe sieht der Nebel ziemlich ungemütlich aus...
Und da müssen wir durch! Schon sehr unheimlich!
Das feige Lama will nicht weiter.
Vielleicht hat es recht.
Wir können nichts anderes tun, als unser Lager für die Nacht aufschlagen. Heute ist's zu spät, um in den Nebel vorzudringen.
In der Nacht...
Ich glaube, hier wird's auch neblig.
Ich bin starr vor Kälte.
Ich vor Angst!
Nach Sonnenaufgang — sofern man es so nennen kann...
Onkel Donald! Onkel Donald! Wach auf!
Man kann die Hand nicht vor Augen sehen.
Weil's so unheimlich neblig ist!
Das ist gefährlich, Kinder. Rührt euch nicht von der Stelle! Ich hol' die Laterne.
Hilfe! Ich bin abgerutscht.
PLUMPS!
Werft ein Seil runter und zieht mich rauf, sonst bin ich verloren!
Da bist du wieder, Onkel Donald!
Wir kriechen wieder in die Schlafsäcke, und da bleiben wir.
Aber man findet das Lager nicht mehr und irrt hilflos im Großen Nebel umher...
Onkel Donald! Bleib stehen!
Leichter gesagt als getan! Haltet euch fest, Kinder! Wir fallen ins Bodenlose!

Der Nebel wird dünner.
Ich glaub', wir sind gleich unten.
Merkt ihr, daß es wärmer wird?
PLUMPS!
Mir steht der Verstand still!
Eine riesige Stadt!
Und alles total viereckig!
Der Eindruck ist wirklich überwältigend. Nicht ahnend, was sie erwartet, seilt man sich beherzt ab.
Wenn wir das hinter uns haben, will ich froh sein.
Weit und breit keine Seele zu sehen. Schade!
Wenn nur jemand kommen würde, damit man sich die Leute ansehen könnte!
Im tiefen Keller sitz' ich hier bei einem Faß voll Reben...
? ? ?
Bin guten Muts und lasse mir vom allerbesten geben...
Was sagst du dazu?
Nichts! Ich bin sprachlos.
Sie singen Studentenlieder. Wo sie das gelernt haben, mögen die Götter wissen. Jedenfalls sind es keine Wilden.
Und man kann mit ihnen sprechen, das ist schon was. Kommt mit!
O alte Burschenherrlichkeit, wohin bist du entschwunden...
Servus, Herr Kollege! Sehr erfreut, Sie hier zu treffen!
Beim Jupiter! Sie sind das eigenartigste Geschöpf, das ich je gesehen hab'!
Wir sind aus Entenhausen.
Sehr erfreut!
Der nennt uns eigenartig!

Laßt die Gongs erschallen und die Hörner erklingen! Ruft den Präsidenten! Wir haben jemanden zum Essen.
Entfacht das Feuer! Setzt Töpfe und Tiegel auf! Wir haben seit vielen Jahren niemanden mehr zum Essen gehabt!
Nach allem, was man hört, ist nur ein einziges Mal ein Fremder in unsere Stadt gekommen.
Was immer den Ducks bevorstehen mag, zurück können sie nicht mehr...
Der Präsident erwartet Sie im Bankett-saal.
Wenn Sie es wagen, mich anzuknabbern, krieg' ich einen Nervenzusammenbruch.
Aber werter Kollege, wo denken Sie hin! Wir wollen einen alten Kommilitonen doch nur würdig empfangen.
Man trage den ersten Gang auf!
Hast du gehört?
Ja, es gibt was zu essen!
Vielleicht gebratene Hähnchen mit Reis oder sonst was Gutes!
Der erste Gang beantwortet bereits so manche Frage...
Darf ich Sie fragen, Herr Präsident, ob Sie jemals im Ausland waren?
Erster Gang: Spiegeleier!
O nein, Herr Kollege! Ich hatte nie Gelegenheit, meine Heimat zu verlassen.
Aber Sie drücken sich so gewählt aus.
Ach, das meinen Sie! Das erlernte ich von unserem einzigen Besucher, den zu beherbergen unser Land die Ehre hatte. Es war Professor Püstele.
Man trage den zweiten Gang auf!
Zweiter Gang —
weiche
Eier!
Wann war der Professor hier? Ist das schon lang her?
Von 1863 bis 1868! Er ging, um in seiner Heimat unsere viereckigen Eier bekanntzumachen.
Dann ist das der, von dem uns der Jäger erzählt hat. Berichten Sie uns doch noch mehr von den viereckigen Eiern!
Sie sind, wenn ich so sagen darf, unser Nationalgericht.
Das merkt man!
Dritter Gang —
heiße Eier!
Auch das festlichste Festessen endet einmal, und Donald und die Kinder dürfen, wie es Ehrengästen zukommt, die Stadt besichtigen...
Der Präsident hat wunder gedacht, welche Ehre es für uns ist, wenn er uns Eier vorsetzt.
War es ja auch! Aber jetzt müssen wir was Anständiges essen!
Hier sind wir richtig! Hier kehren wir ein!
IMBISZ-STUBE

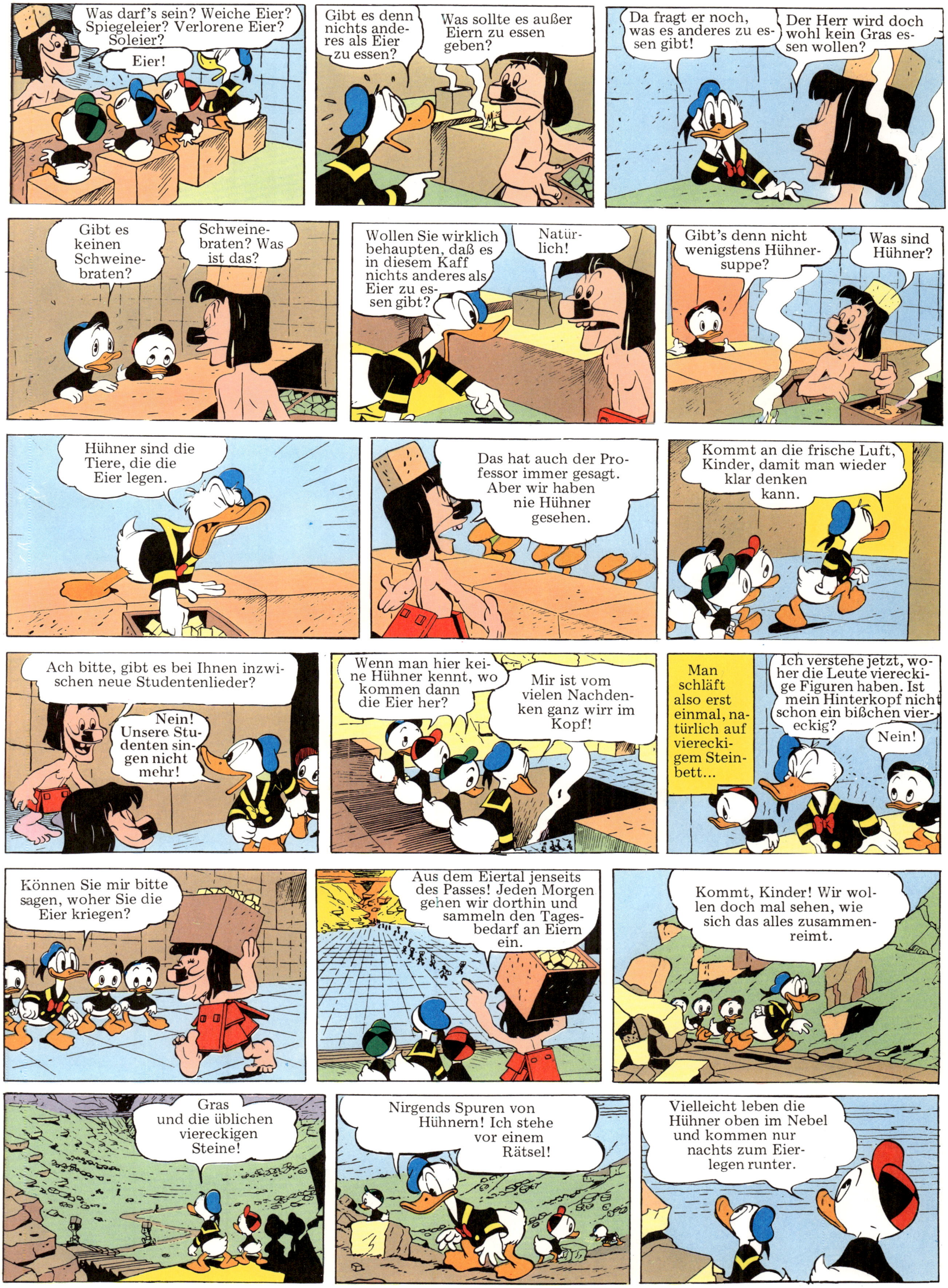
Was darf's sein? Weiche Eier? Spiegeleier? Verlorene Eier? Soleier?
Eier!
Gibt es denn nichts anderes als Eier zu essen?
Was sollte es außer Eiern zu essen geben?
Da fragt er noch, was es anderes zu essen gibt!
Der Herr wird doch wohl kein Gras essen wollen?
Gibt es keinen Schweinebraten?
Schweinebraten? Was ist das?
Wollen Sie wirklich behaupten, daß es in diesem Kaff nichts anderes als Eier zu essen gibt?
Natürlich!
Gibt's denn nicht wenigstens Hühnersuppe?
Was sind Hühner?
Hühner sind die Tiere, die die Eier legen.
Das hat auch der Professor immer gesagt. Aber wir haben nie Hühner gesehen.
Kommt an die frische Luft, Kinder, damit man wieder klar denken kann.
Ach bitte, gibt es bei Ihnen inzwischen neue Studentenlieder?
Nein! Unsere Studenten singen nicht mehr!
Wenn man hier keine Hühner kennt, wo kommen dann die Eier her?
Mir ist vom vielen Nachdenken ganz wirr im Kopf!
Man schläft also erst einmal, natürlich auf viereckigem Steinbett...
Ich verstehe jetzt, woher die Leute viereckige Figuren haben. Ist mein Hinterkopf nicht schon ein bißchen viereckig?
Nein!
Können Sie mir bitte sagen, woher Sie die Eier kriegen?
Aus dem Eiertal jenseits des Passes! Jeden Morgen gehen wir dorthin und sammeln den Tagesbedarf an Eiern ein.
Kommt, Kinder! Wir wollen doch mal sehen, wie sich das alles zusammenreimt.
Gras und die üblichen viereckigen Steine!
Nirgends Spuren von Hühnern! Ich stehe vor einem Rätsel!
Vielleicht leben die Hühner oben im Nebel und kommen nur nachts zum Eierlegen runter.

Ich klettere da mal rauf und seh' nach.
Ob die Hühner die Eier unter den Steinen verstecken?
Nein!
Sieh mal! Ich habe eine Kaugummiblase auf den Stein geklebt.
GA-GACK!
GA-GACK!
GA-GACK!
Du mein Schreck! Die Steine sind Hühner!
Viereckige Hühner!
Ich glaube, die haben was gegen runde Sachen!
Wir scheinen ihnen auch zu rund zu sein.
Die Entdeckung der viereckigen Hühner macht Donald zum Helden des Tages...
Wie heißt eigentlich Ihre Stadt, Herr Präsident?
Eckenhausen! So hat sie der Professor genannt. Wir haben den Namen übernommen.
HOCH! HURRA!
Für die verdienstvolle Entdeckung der bis dato unbekannten Hühner ernenne ich Sie zum Minister für Land- und Forstwirtschaft.
Übrigens, wie haben Sie die Vögel gefunden?
Wir haben uns die Gegend angesehen und dabei Kaugummiblasen gemacht.
So!
Laßt den Unsinn, Kinder! Wir reisen ab.
Runde...
Rund!
Welch ungeheurer...
...Blasen???
Oje!!!
...Frevel!
Die Unglückskinder! Sie haben das oberste Gesetz von Eckenhausen verletzt. Sie haben das schlimmste Verbrechen begangen, das bei uns denkbar ist.
Dieses Gesetz besagt, daß jeder, der etwas Rundes hervorbringt, zu lebenslänglicher Zwangsarbeit im Steinbruch verurteilt wird. Doch in Anbetracht eurer Verdienste um...
SCHLUCK!
...das Wohl unserer Stadt wird euch diese Strafe erlassen. Doch sühnen müßt ihr!
Tja, wer sich in die Fremde begibt, kommt eventuell darin um. In anderen Ländern herrschen eben andere Sitten, und man muß sich nach ihnen richten. Daß es Leute gibt, die an runden Sachen Anstoß nehmen, kann man nicht ahnen. Aber so ist es nun einmal...
Bitte, lieber Herr Präsident, seien Sie nicht so hart. Es sind doch noch unmündige Kinder!
Wir werden es bedenken!
Ich verkünde nunmehr das Urteil: Die drei Knaben haben nach fünf Tagen vor dem Richter zu erscheinen und im Angesicht der...
...Volksmassen zur Sühne viereckige Blasen zu blasen!

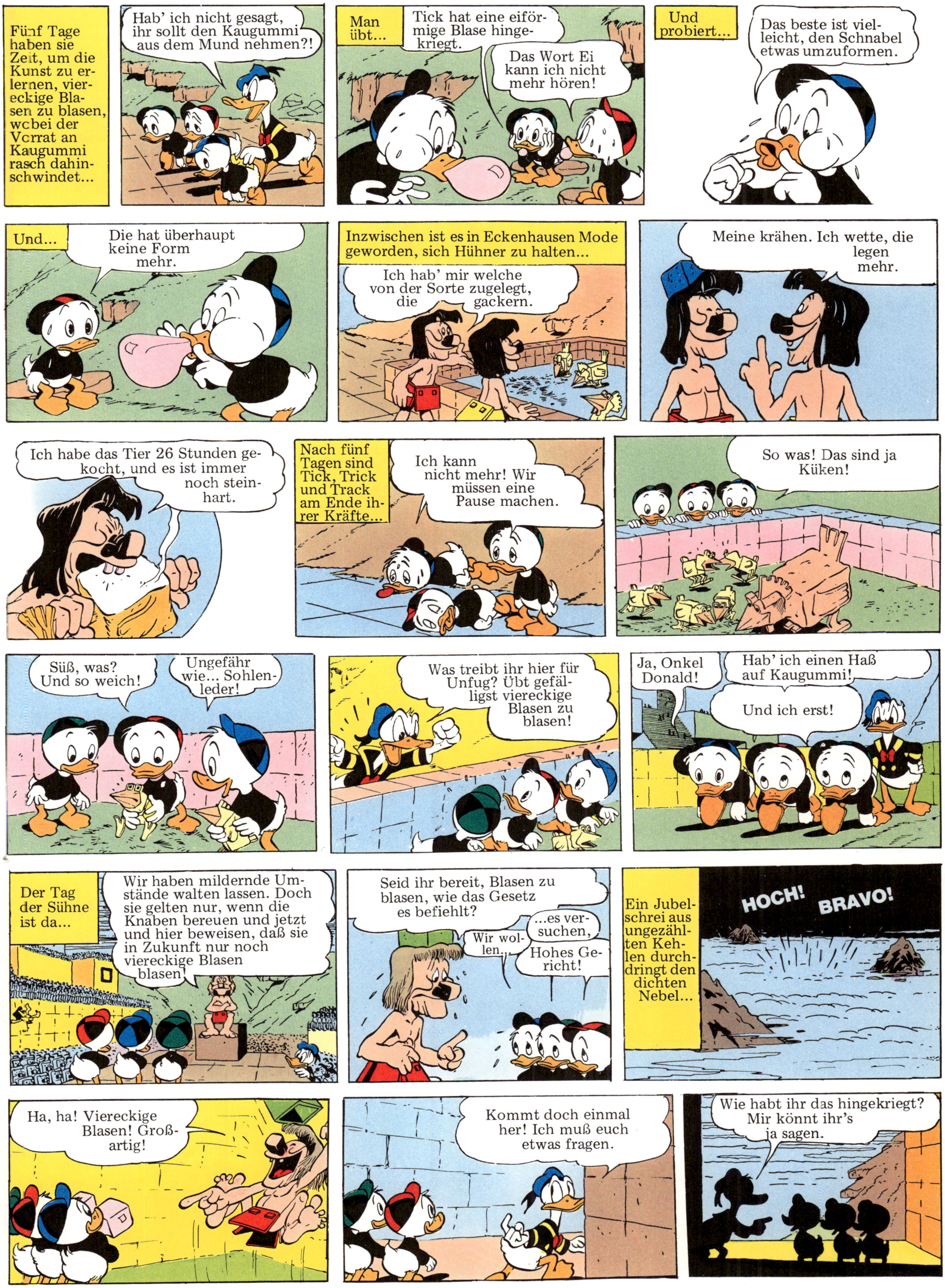
Fünf Tage haben sie Zeit, um die Kunst zu erlernen, viereckige Blasen zu blasen, wobei der Vorrat an Kaugummi rasch dahinschwindet...
Hab' ich nicht gesagt, ihr sollt den Kaugummi aus dem Mund nehmen?!
Man übt...
Tick hat eine eiförmige Blase hingekriegt.
Das Wort Ei kann ich nicht mehr hören!
Und probiert...
Das beste ist vielleicht, den Schnabel etwas umzuformen.
Und...
Die hat überhaupt keine Form mehr.
Inzwischen ist es in Eckenhausen Mode geworden, sich Hühner zu halten...
Ich hab' mir welche von der Sorte zugelegt, die gackern.
Meine krähen. Ich wette, die legen mehr.
Ich habe das Tier 26 Stunden gekocht, und es ist immer noch steinhart.
Nach fünf Tagen sind Tick, Trick und Track am Ende ihrer Kräfte...
Ich kann nicht mehr! Wir müssen eine Pause machen.
So was! Das sind ja Küken!
Süß, was? Und so weich!
Ungefähr wie... Sohlenleder!
Was treibt ihr hier für Unfug? Übt gefälligst viereckige Blasen zu blasen!
Ja, Onkel Donald!
Hab' ich einen Haß auf Kaugummi!
Und ich erst!
Der Tag der Sühne ist da...
Wir haben mildernde Umstände walten lassen. Doch sie gelten nur, wenn die Knaben bereuen und jetzt und hier beweisen, daß sie in Zukunft nur noch viereckige Blasen blasen!
Seid ihr bereit, Blasen zu blasen, wie das Gesetz es befiehlt?
Wir wollen...
...es versuchen,
Hohes Gericht!
Ein Jubelschrei aus ungezählten Kehlen durchdringt den dichten Nebel...
HOCH! BRAVO!
Ha, ha! Viereckige Blasen! Großartig!
Kommt doch einmal her! Ich muß euch etwas fragen.
Wie habt ihr das hingekriegt? Mir könnt ihr's ja sagen.

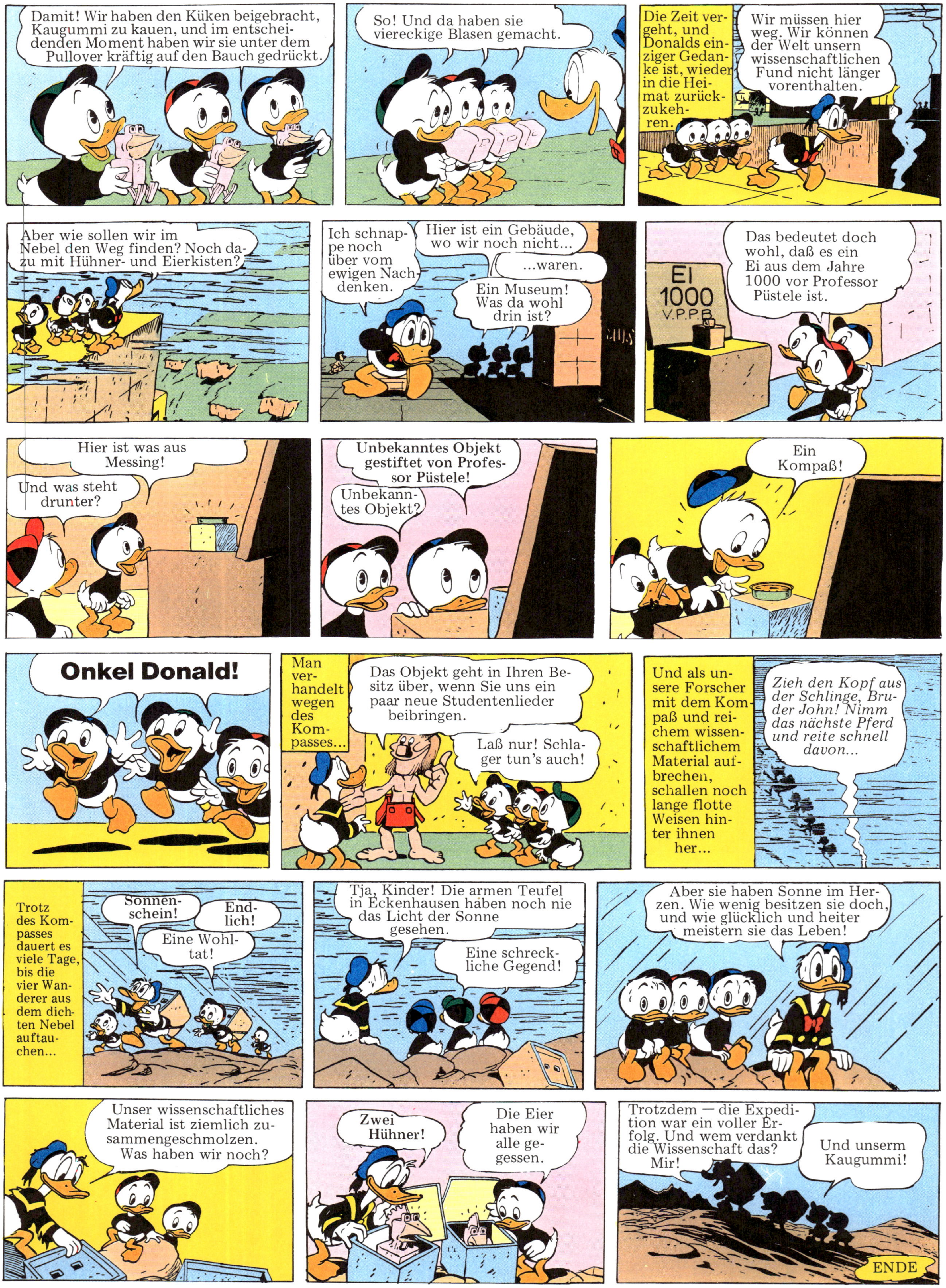
Damit! Wir haben den Küken beigebracht, Kaugummi zu kauen, und im entscheidenden Moment haben wir sie unter dem Pullover kräftig auf den Bauch gedrückt.
So! Und da haben sie viereckige Blasen gemacht.
Die Zeit vergeht, und Donalds einziger Gedanke ist, wieder in die Heimat zurückzukehren.
Wir müssen hier weg. Wir können der Welt unsern wissenschaftlichen Fund nicht länger vorenthalten.
Aber wie sollen wir im Nebel den Weg finden? Noch dazu mit Hühner- und Eierkisten?
Ich schnappe noch über vom ewigen Nachdenken.
Hier ist ein Gebäude, wo wir noch nicht...
...waren.
Ein Museum! Was da wohl drin ist?
EI 1000 V.P.P.
Das bedeutet doch wohl, daß es ein Ei aus dem Jahre 1000 vor Professor Püstele ist.
Hier ist was aus Messing!
Und was steht drunter?
Unbekanntes Objekt gestiftet von Professor Püstele!
Unbekanntes Objekt?
Ein Kompaß!
Onkel Donald!
Man verhandelt wegen des Kompasses...
Das Objekt geht in Ihren Besitz über, wenn Sie uns ein paar neue Studentenlieder beibringen.
Laß nur! Schlager tun's auch!
Und als unsere Forscher mit dem Kompaß und reichem wissenschaftlichem Material aufbrechen, schallen noch lange flotte Weisen hinter ihnen her...
Zieh den Kopf aus der Schlinge, Bruder John! Nimm das nächste Pferd und reite schnell davon...
Trotz des Kompasses dauert es viele Tage, bis die vier Wanderer aus dem dichten Nebel auftauchen...
Sonnenschein!
Endlich!
Eine Wohltat!
Tja, Kinder! Die armen Teufel in Eckenhausen haben noch nie das Licht der Sonne gesehen.
Eine schreckliche Gegend!
Aber sie haben Sonne im Herzen. Wie wenig besitzen sie doch, und wie glücklich und heiter meistern sie das Leben!
Unser wissenschaftliches Material ist ziemlich zusammengeschmolzen. Was haben wir noch?
Zwei Hühner!
Die Eier haben wir alle gegessen.
Trotzdem — die Expedition war ein voller Erfolg. Und wem verdankt die Wissenschaft das? Mir!
Und unserm Kaugummi!
ENDE

Wudu-Hudu-Zauber

Wudu-Hudu-Zauber

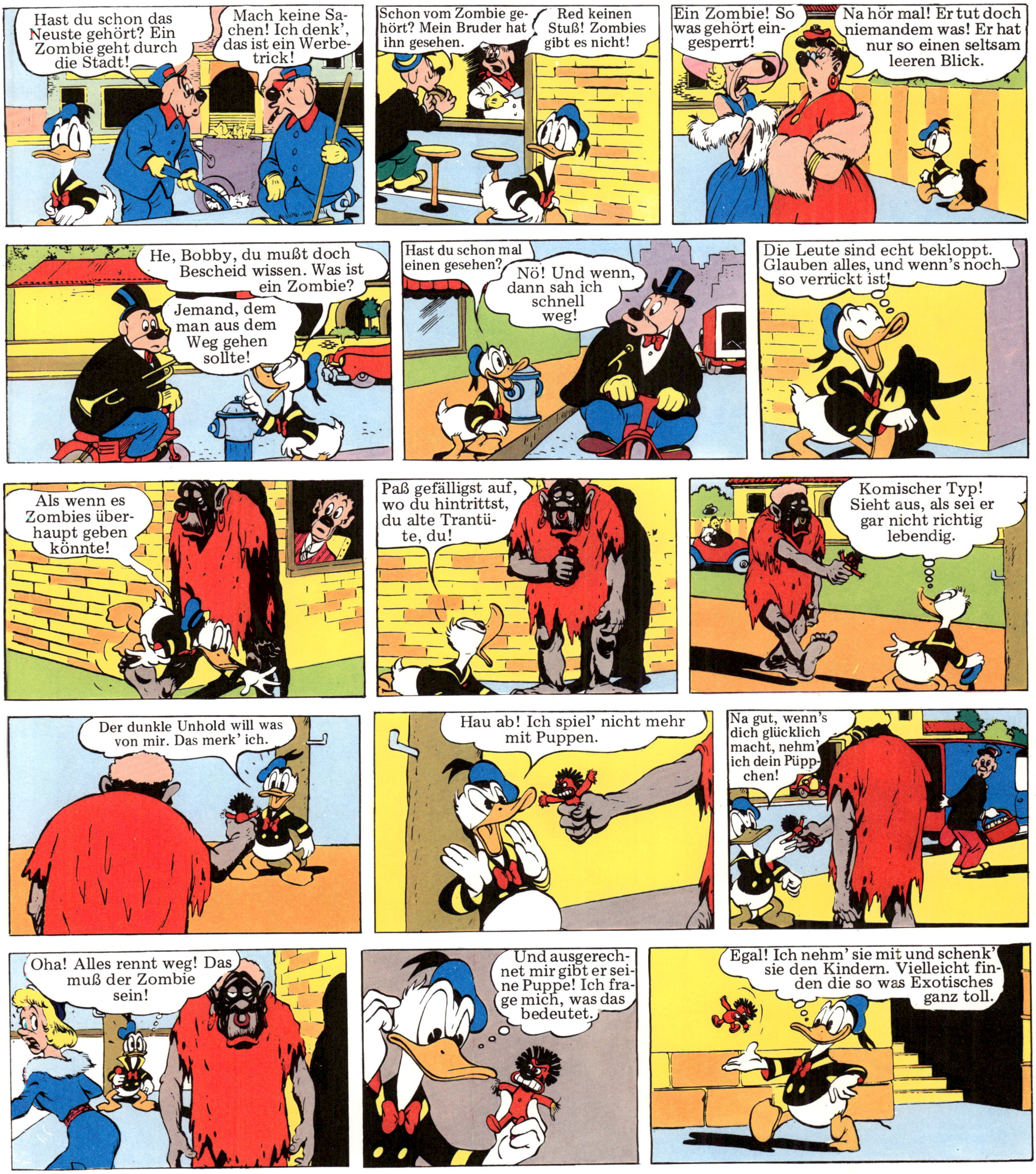

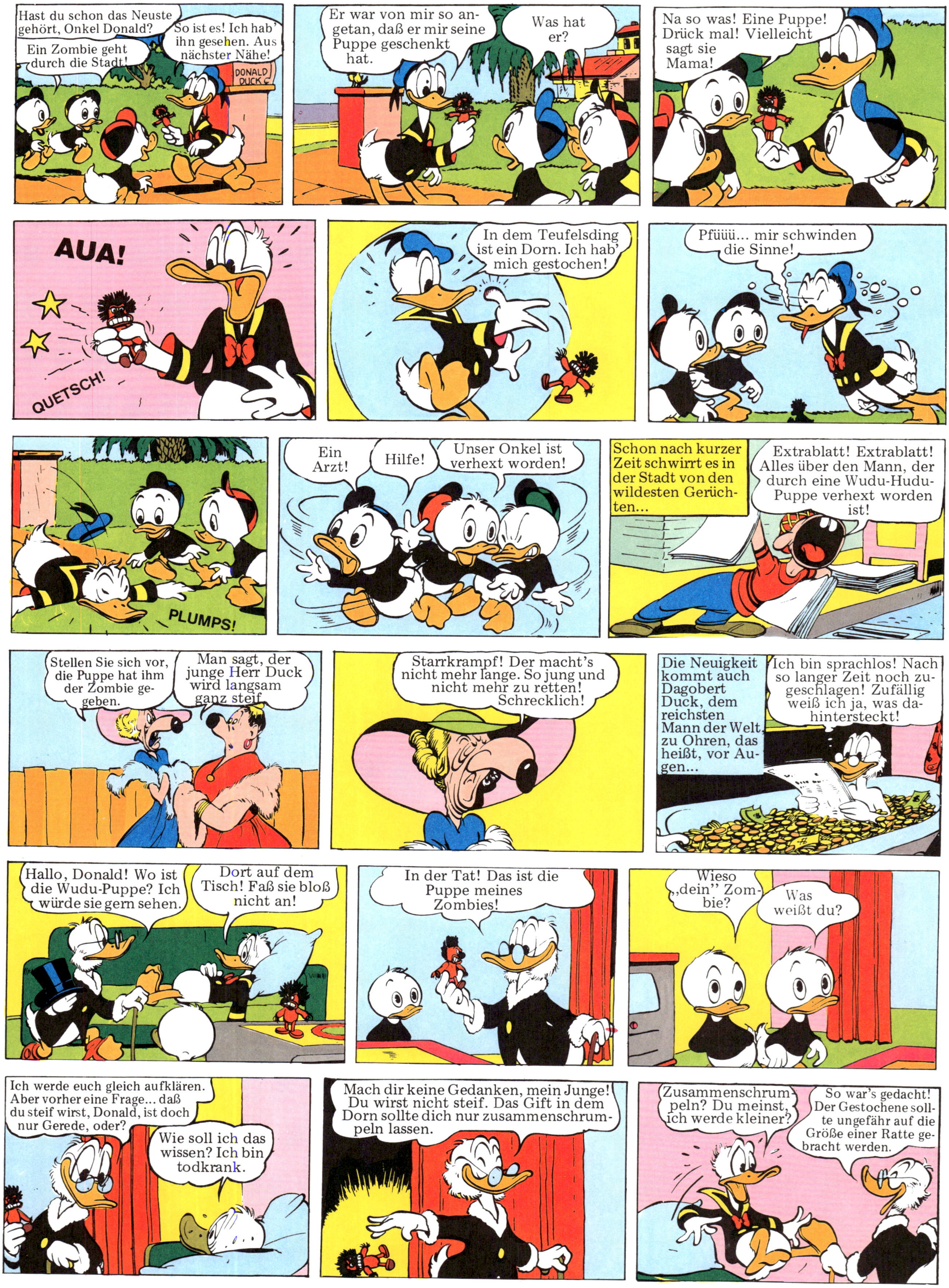
Hast du schon das Neuste gehört, Onkel Donald?
Ein Zombie geht durch die Stadt!
So ist es! Ich hab' ihn gesehen. Aus nächster Nähe!
DONALD DUCK
Er war von mir so angetan, daß er mir seine Puppe geschenkt hat.
Was hat er?
Na so was! Eine Puppe! Drück mal! Vielleicht sagt sie Mama!
AUA!
QUETSCH!
In dem Teufelsding ist ein Dorn. Ich hab' mich gestochen!
Pfüüü... mir schwinden die Sinne!
PLUMPS!
Ein Arzt!
Hilfe!
Unser Onkel ist verhext worden!
Schon nach kurzer Zeit schwirrt es in der Stadt von den wildesten Gerüchten...
Extrablatt! Extrablatt! Alles über den Mann, der durch eine Wudu-Hudu-Puppe verhext worden ist!
Stellen Sie sich vor, die Puppe hat ihm der Zombie gegeben.
Man sagt, der junge Herr Duck wird langsam ganz steif.
Starrkrampf! Der macht's nicht mehr lange. So jung und nicht mehr zu retten! Schrecklich!
Die Neuigkeit kommt auch Dagobert Duck, dem reichsten Mann der Welt, zu Ohren, das heißt, vor Augen...
Ich bin sprachlos! Nach so langer Zeit noch zugeschlagen! Zufällig weiß ich ja, was dahintersteckt!
Hallo, Donald! Wo ist die Wudu-Puppe? Ich würde sie gern sehen.
Dort auf dem Tisch! Faß sie bloß nicht an!
In der Tat! Das ist die Puppe meines Zombies!
Wieso „dein'' Zombie?
Was weißt du?
Ich werde euch gleich aufklären. Aber vorher eine Frage... daß du steif wirst, Donald, ist doch nur Gerede, oder?
Wie soll ich das wissen? Ich bin todkrank.
Mach dir keine Gedanken, mein Junge! Du wirst nicht steif. Das Gift in dem Dorn sollte dich nur zusammenschrumpeln lassen.
Zusammenschrumpeln? Du meinst, ich werde kleiner?
So war's gedacht! Der Gestochene sollte ungefähr auf die Größe einer Ratte gebracht werden.

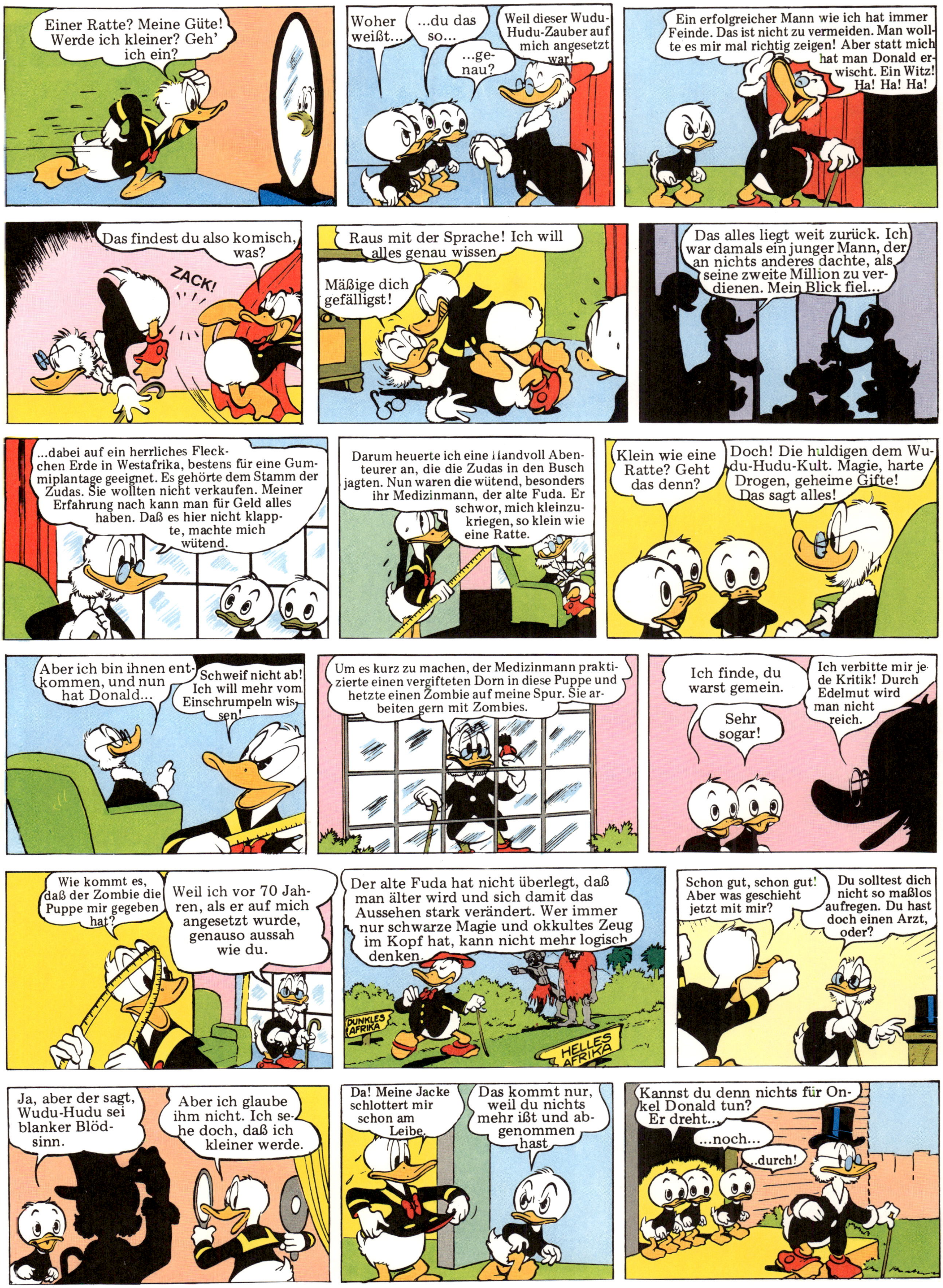
Einer Ratte? Meine Güte! Werde ich kleiner? Geh' ich ein?
Woher weißt...
...du das so...
...genau?
Weil dieser Wudu-Hudu-Zauber auf mich angesetzt war!
Ein erfolgreicher Mann wie ich hat immer Feinde. Das ist nicht zu vermeiden. Man wollte es mir mal richtig zeigen! Aber statt mich hat man Donald erwischt. Ein Witz! Ha! Ha! Ha!
Das findest du also komisch, was?
ZACK!
Raus mit der Sprache! Ich will alles genau wissen
Mäßige dich gefälligst!
Das alles liegt weit zurück. Ich war damals ein junger Mann, der an nichts anderes dachte, als seine zweite Million zu verdienen. Mein Blick fiel...
...dabei auf ein herrliches Fleckchen Erde in Westafrika, bestens für eine Gummiplantage geeignet. Es gehörte dem Stamm der Zudas. Sie wollten nicht verkaufen. Meiner Erfahrung nach kann man für Geld alles haben. Daß es hier nicht klappte, machte mich wütend.
Darum heuerte ich eine Handvoll Abenteurer an, die die Zudas in den Busch jagten. Nun waren die wütend, besonders ihr Medizinmann, der alte Fuda. Er schwor, mich kleinzukriegen, so klein wie eine Ratte.
Klein wie eine Ratte? Geht das denn?
Doch! Die huldigen dem Wu-du-Hudu-Kult. Magie, harte Drogen, geheime Gifte! Das sagt alles!
Aber ich bin ihnen entkommen, und nun hat Donald...
Schweif nicht ab! Ich will mehr vom Einschrumpeln wissen!
Um es kurz zu machen, der Medizinmann praktizierte einen vergifteten Dorn in diese Puppe und hetzte einen Zombie auf meine Spur. Sie arbeiten gern mit Zombies.
Ich finde, du warst gemein.
Sehr sogar!
Ich verbitte mir jede Kritik! Durch Edelmut wird man nicht reich.
Wie kommt es, daß der Zombie die Puppe mir gegeben hat?
Weil ich vor 70 Jahren, als er auf mich angesetzt wurde, genauso aussah wie du.
Der alte Fuda hat nicht überlegt, daß man älter wird und sich damit das Aussehen stark verändert. Wer immer nur schwarze Magie und okkultes Zeug im Kopf hat, kann nicht mehr logisch denken.
DUNKLES AFRIKA
HELLES AFRIKA
Schon gut, schon gut! Aber was geschieht jetzt mit mir?
Du solltest dich nicht so maßlos aufregen. Du hast doch einen Arzt, oder?
Ja, aber der sagt, Wudu-Hudu sei blanker Blödsinn.
Aber ich glaube ihm nicht. Ich sehe doch, daß ich kleiner werde.
Da! Meine Jacke schlottert mir schon am Leibe.
Das kommt nur, weil du nichts mehr ißt und abgenommen hast
Kannst du denn nichts für Onkel Donald tun? Er dreht...
...noch...
...durch!

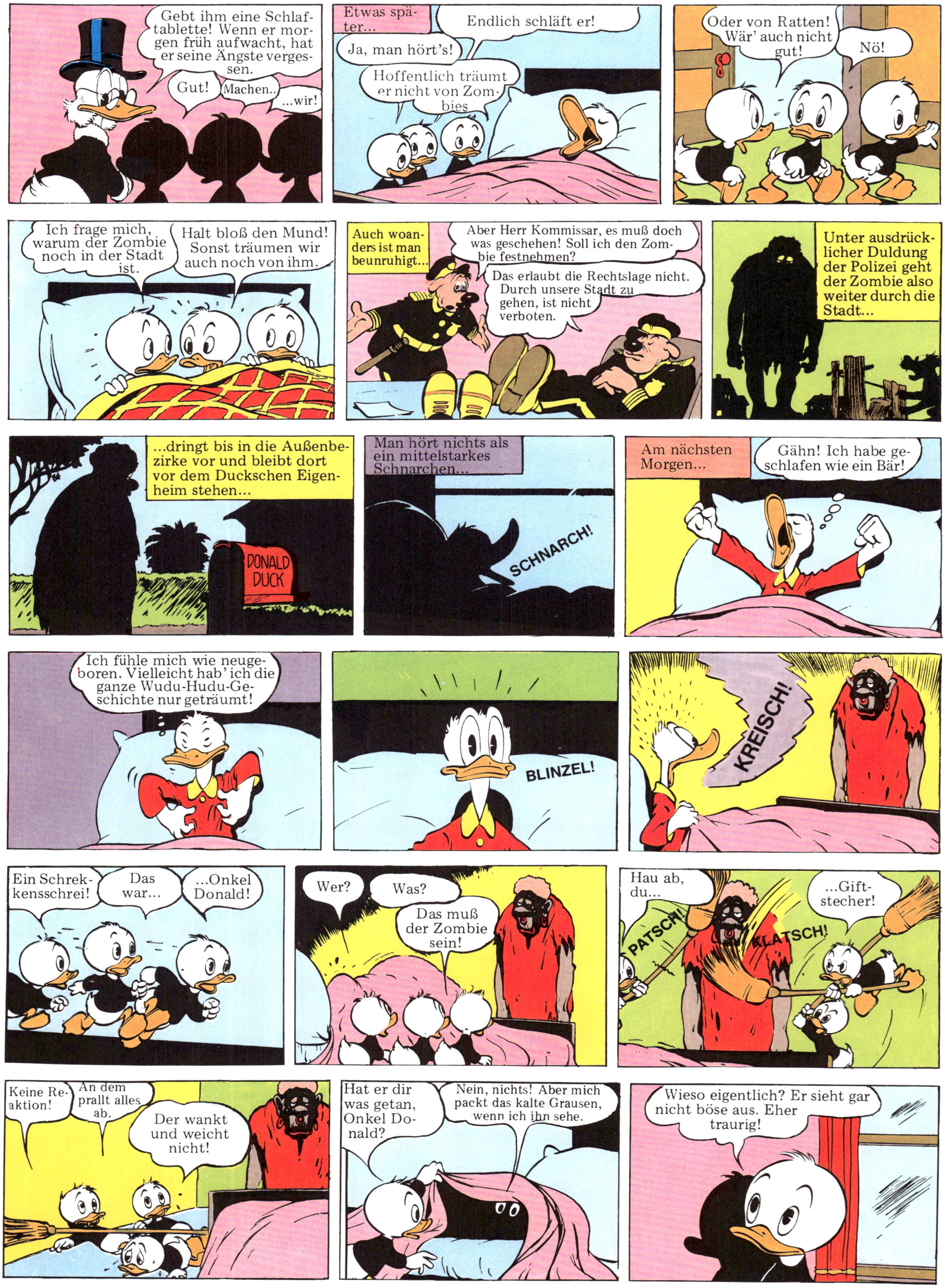

Gebt ihm eine Schlaftablette! Wenn er morgen früh aufwacht, hat er seine Ängste vergessen.
Gut!
Machen..
...wir!
Etwas später...
Endlich schläft er!
Ja, man hört's!
Hoffentlich träumt er nicht von Zombies
Oder von Ratten! Wär' auch nicht gut!
Nö!
Ich frage mich, warum der Zombie noch in der Stadt ist.
Halt bloß den Mund! Sonst träumen wir auch noch von ihm.
Auch woanders ist man beunruhigt...
Aber Herr Kommissar, es muß doch was geschehen! Soll ich den Zombie festnehmen?
Das erlaubt die Rechtslage nicht. Durch unsere Stadt zu gehen, ist nicht verboten.
Unter ausdrücklicher Duldung der Polizei geht der Zombie also weiter durch die Stadt...
...dringt bis in die Außenbezirke vor und bleibt dort vor dem Duckschen Eigenheim stehen...
DONALD DUCK
Man hört nichts als ein mittelstarkes Schnarchen...
SCHNARCH!
Am nächsten Morgen...
Gähn! Ich habe geschlafen wie ein Bär!
Ich fühle mich wie neugeboren. Vielleicht hab' ich die ganze Wudu-Hudu-Geschichte nur geträumt!
BLINZEL!
KREISCH!
Ein Schrekkensschrei!
Das war...
...Onkel Donald!
Wer?
Was?
Das muß der Zombie sein!
Hau ab, du...
...Giftstecher!
PATSCH!
KLATSCH!
Keine Reaktion!
An dem prallt alles ab.
Der wankt und weicht nicht!
Hat er dir was getan, Onkel Donald?
Nein, nichts! Aber mich packt das kalte Grausen, wenn ich ihn sehe.
Wieso eigentlich? Er sieht gar nicht böse aus. Eher traurig!

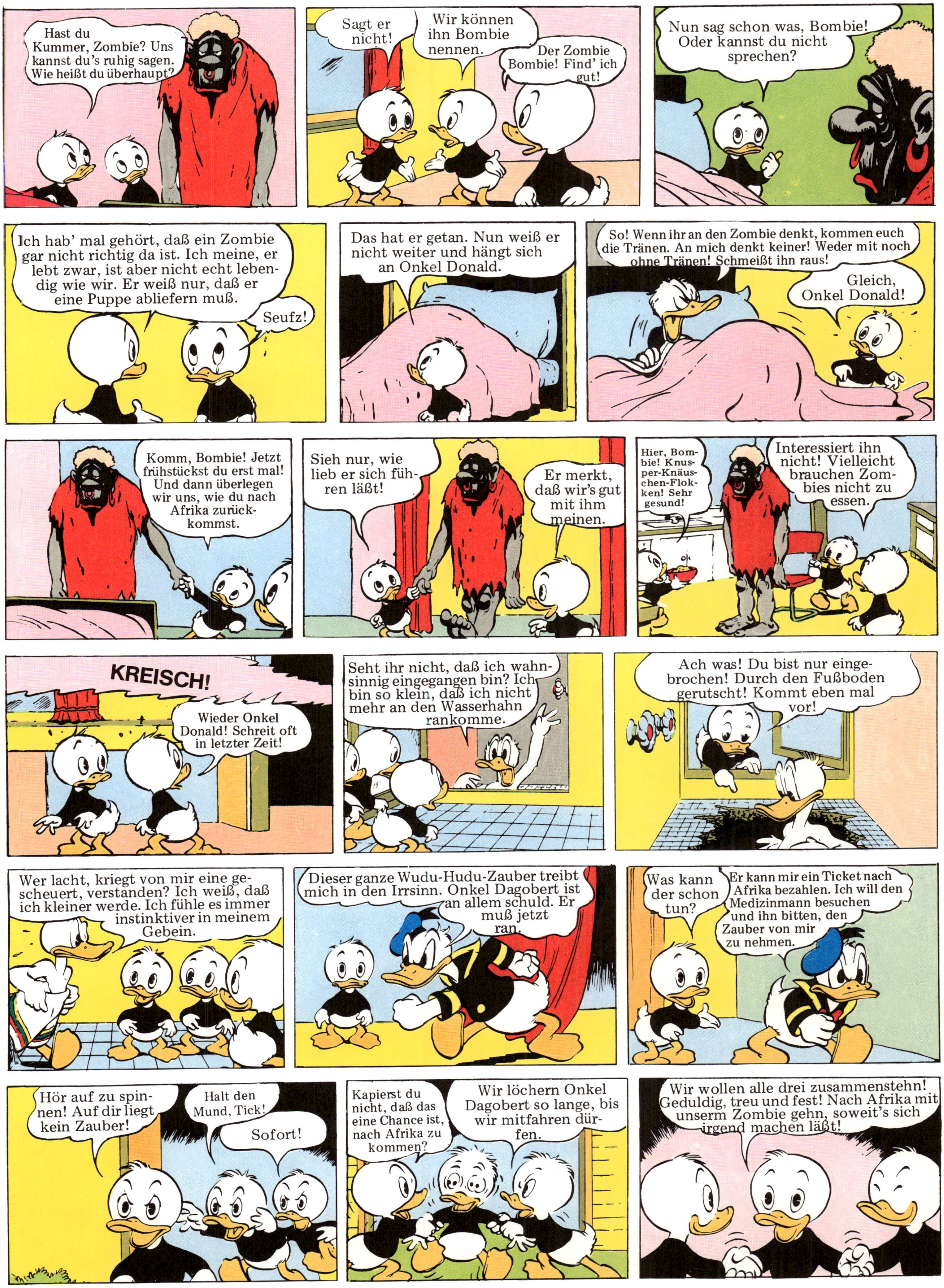

Hast du Kummer, Zombie? Uns kannst du's ruhig sagen. Wie heißt du überhaupt?
Sagt er nicht!
Wir können ihn Bombie nennen.
Der Zombie Bombie! Find' ich gut!
Nun sag schon was, Bombie! Oder kannst du nicht sprechen?
Ich hab' mal gehört, daß ein Zombie gar nicht richtig da ist. Ich meine, er lebt zwar, ist aber nicht echt lebendig wie wir. Er weiß nur, daß er eine Puppe abliefern muß.
Seufz!
Das hat er getan. Nun weiß er nicht weiter und hängt sich an Onkel Donald.
So! Wenn ihr an den Zombie denkt, kommen euch die Tränen. An mich denkt keiner! Weder mit noch ohne Tränen! Schmeißt ihn raus!
Gleich, Onkel Donald!
Komm, Bombie! Jetzt frühstückst du erst mal! Und dann überlegen wir uns, wie du nach Afrika zurückkommst.
Sieh nur, wie lieb er sich führen läßt!
Er merkt, daß wir's gut mit ihm meinen.
Hier, Bombie! Knusper-Knäuschen-Flokken! Sehr gesund!
Interessiert ihn nicht! Vielleicht brauchen Zombies nicht zu essen.
KREISCH!
Wieder Onkel Donald! Schreit oft in letzter Zeit!
Seht ihr nicht, daß ich wahnsinnig eingegangen bin? Ich bin so klein, daß ich nicht mehr an den Wasserhahn rankomme.
Ach was! Du bist nur eingebrochen! Durch den Fußboden gerutscht! Kommt eben mal vor!
Wer lacht, kriegt von mir eine gescheuert, verstanden? Ich weiß, daß ich kleiner werde. Ich fühle es immer instinktiver in meinem Gebein.
Dieser ganze Wudu-Hudu-Zauber treibt mich in den Irrsinn. Onkel Dagobert ist an allem schuld. Er muß jetzt ran.
Was kann der schon tun?
Er kann mir ein Ticket nach Afrika bezahlen. Ich will den Medizinmann besuchen und ihn bitten, den Zauber von mir zu nehmen.
Hör auf zu spinnen! Auf dir liegt kein Zauber!
Halt den Mund, Tick!
Sofort!
Kapierst du nicht, daß das eine Chance ist, nach Afrika zu kommen?
Wir löchern Onkel Dagobert so lange, bis wir mitfahren dürfen.
Wir wollen alle drei zusammenstehn! Geduldig, treu und fest! Nach Afrika mit unserm Zombie gehn, soweit's sich irgend machen läßt!

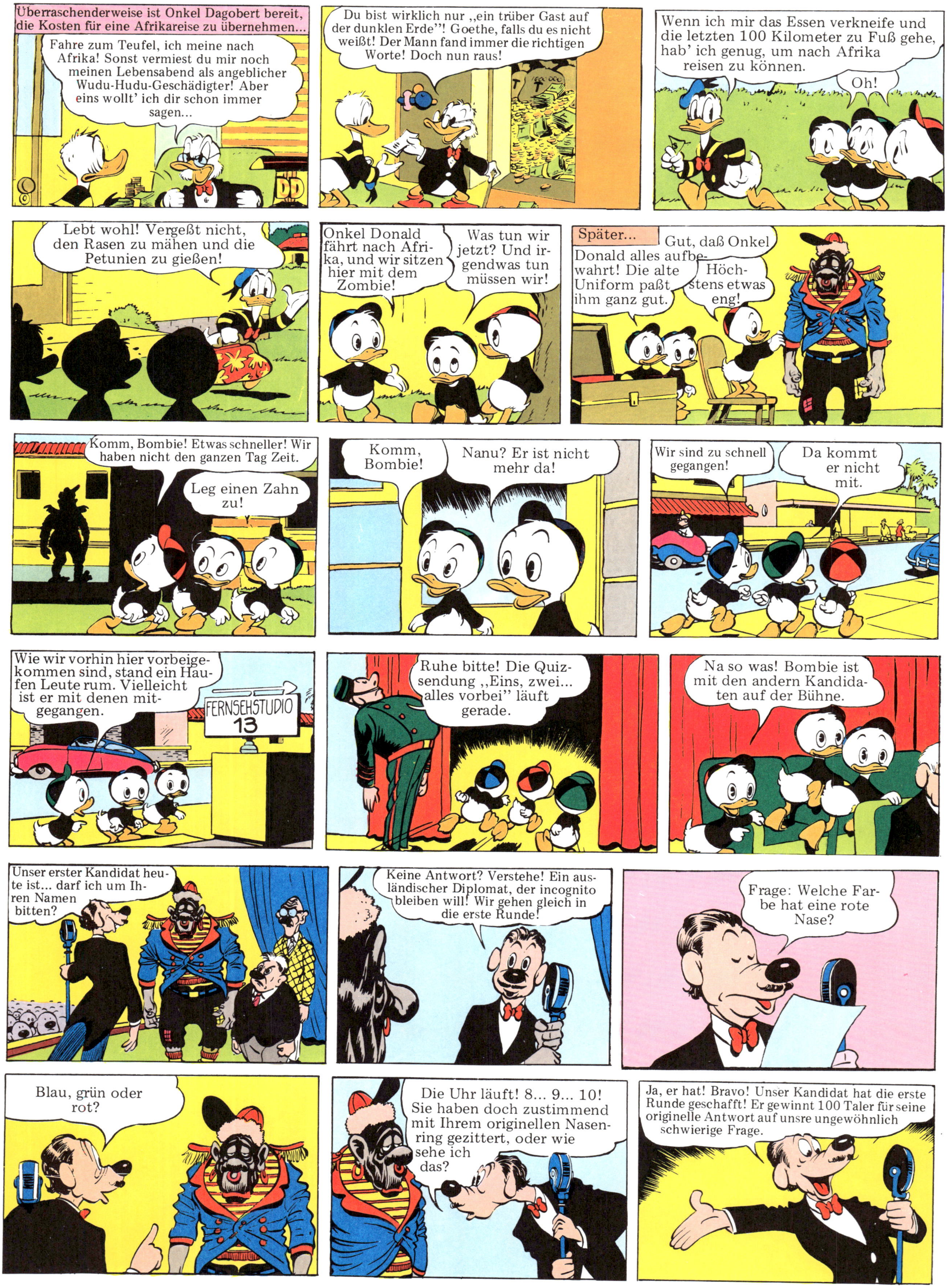
Überraschenderweise ist Onkel Dagobert bereit, die Kosten für eine Afrikareise zu übernehmen...
Fahre zum Teufel, ich meine nach Afrika! Sonst vermiest du mir noch meinen Lebensabend als angeblicher Wudu-Hudu-Geschädigter! Aber eins wollt' ich dir schon immer sagen...
Du bist wirklich nur „ein trüber Gast auf der dunklen Erde"! Goethe, falls du es nicht weißt! Der Mann fand immer die richtigen Worte! Doch nun raus!
Wenn ich mir das Essen verkneife und die letzten 100 Kilometer zu Fuß gehe, hab' ich genug, um nach Afrika reisen zu können.
Oh!
Lebt wohl! Vergeßt nicht, den Rasen zu mähen und die Petunien zu gießen!
Onkel Donald fährt nach Afrika, und wir sitzen hier mit dem Zombie!
Was tun wir jetzt? Und irgendwas tun müssen wir!
Später...
Gut, daß Onkel Donald alles aufbewahrt! Die alte Uniform paßt ihm ganz gut.
Höchstens etwas eng!
Komm, Bombie! Etwas schneller! Wir haben nicht den ganzen Tag Zeit.
Leg einen Zahn zu!
Komm, Bombie!
Nanu? Er ist nicht mehr da!
Wir sind zu schnell gegangen!
Da kommt er nicht mit.
Wie wir vorhin hier vorbeigekommen sind, stand ein Haufen Leute rum. Vielleicht ist er mit denen mitgegangen.
FERNSEHSTUDIO 13
Ruhe bitte! Die Quizsendung „Eins, zwei... alles vorbei" läuft gerade.
Na so was! Bombie ist mit den andern Kandidaten auf der Bühne.
Unser erster Kandidat heute ist... darf ich um Ihren Namen bitten?
Keine Antwort? Verstehe! Ein ausländischer Diplomat, der incognito bleiben will! Wir gehen gleich in die erste Runde!
Frage: Welche Farbe hat eine rote Nase?
Blau, grün oder rot?
Die Uhr läuft! 8... 9... 10! Sie haben doch zustimmend mit Ihrem originellen Nasenring gezittert, oder wie sehe ich das?
Ja, er hat! Bravo! Unser Kandidat hat die erste Runde geschafft! Er gewinnt 100 Taler für seine originelle Antwort auf unsre ungewöhnlich schwierige Frage.

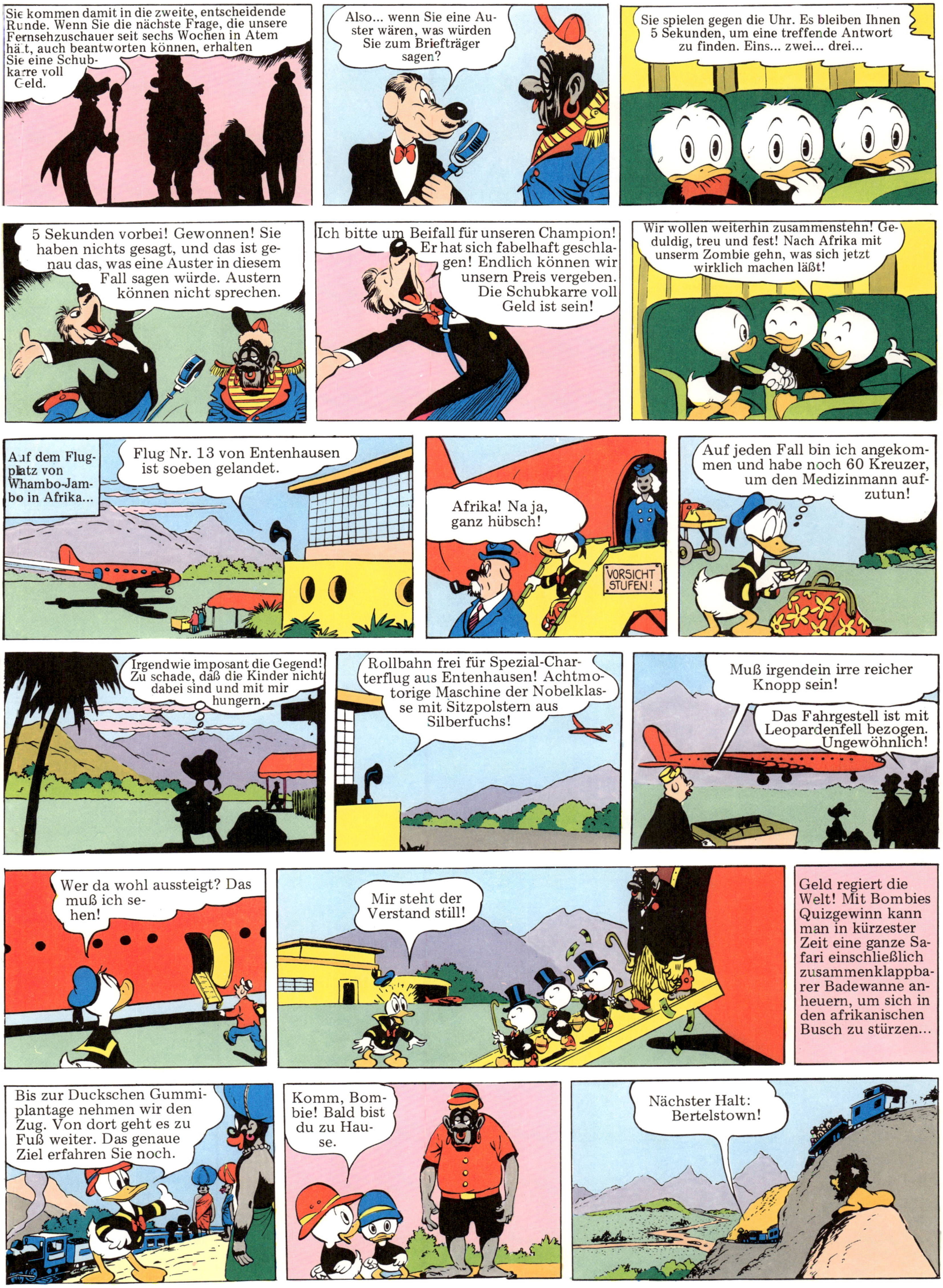
Sie kommen damit in die zweite, entscheidende Runde. Wenn Sie die nächste Frage, die unsere Fernsehzuschauer seit sechs Wochen in Atem hält, auch beantworten können, erhalten Sie eine Schubkarre voll Geld.
Also... wenn Sie eine Auster wären, was würden Sie zum Briefträger sagen?
Sie spielen gegen die Uhr. Es bleiben Ihnen 5 Sekunden, um eine treffende Antwort zu finden. Eins... zwei... drei...
5 Sekunden vorbei! Gewonnen! Sie haben nichts gesagt, und das ist genau das, was eine Auster in diesem Fall sagen würde. Austern können nicht sprechen.
Ich bitte um Beifall für unseren Champion! Er hat sich fabelhaft geschlagen! Endlich können wir unsern Preis vergeben. Die Schubkarre voll Geld ist sein!
Wir wollen weiterhin zusammenstehn! Geduldig, treu und fest! Nach Afrika mit unserm Zombie gehn, was sich jetzt wirklich machen läßt!
Auf dem Flugplatz von Whambo-Jambo in Afrika...
Flug Nr. 13 von Entenhausen ist soeben gelandet.
Afrika! Na ja, ganz hübsch!
VORSICHT STUFEN!
Auf jeden Fall bin ich angekommen und habe noch 60 Kreuzer, um den Medizinmann aufzutun!
Irgendwie imposant die Gegend! Zu schade, daß die Kinder nicht dabei sind und mit mir hungern.
Rollbahn frei für Spezial-Charterflug aus Entenhausen! Achtmotorige Maschine der Nobelklasse mit Sitzpolstern aus Silberfuchs!
Muß irgendein irre reicher Knopp sein!
Das Fahrgestell ist mit Leopardenfell bezogen. Ungewöhnlich!
Wer da wohl aussteigt? Das muß ich sehen!
Mir steht der Verstand still!
Geld regiert die Welt! Mit Bombies Quizgewinn kann man in kürzester Zeit eine ganze Safari einschließlich zusammenklappbarer Badewanne anheuern, um sich in den afrikanischen Busch zu stürzen...
Bis zur Duckschen Gummiplantage nehmen wir den Zug. Von dort geht es zu Fuß weiter. Das genaue Ziel erfahren Sie noch.
Komm, Bombie! Bald bist du zu Hause.
Nächster Halt: Bertelstown!

Der Manager der Duckschen Plantage ist ein Mann von wenigen Worten. Ermutigendes ist von ihm nicht zu hören...
Sie suchen also den Medizinmann vom Stamm der Zudas? Wenn Sie mich fragen, vergessen Sie die ganze Angelegenheit!
GUMMI
Warum? Ist der Mann so böse?
Böse? Vollkommen verrückt ist er! Seit 70 Jahren!
Alle paar Wochen macht sich sein Stamm auf zu einem Kommando-Unternehmen und brennt alles nieder. Die Polizei ist machtlos. Blickt im Dschungel nicht durch.
Also ich muß den Mann finden! Und wenn ich ihn gefunden habe, muß ich den alten Knaben um einen Gefallen bitten.
Wohl lebensmüde?
Also dann viel Glück, Mister Duck! War mir ein Vergnügen!
Das hört sich so endgültig an. Ich denke, wir sehen uns wieder.
Der afrikanische Busch ist dicht, dunkel und voller Geheimnisse...
Erst vor zwei Stunden sind wir aus Bertelstown abmarschiert, und schon stecken wir bis über die Ohren im Urwald.
Wo sonst?
Wenn der alte Fuda in diesem Gebiet haust, dann wundert's mich nicht, wenn die Polizei versagt.
Die Leute bleiben stehen!
Der Führer will mit dir sprechen.
Wir haben den Jumbo-Mumbo-Fluß erreicht, Swana! Dort sollten wir für die Nacht unser Lager aufschlagen.
Wenn Sie meinen! Sonst noch was?
Sobald es dämmert, werden Suchpatrouillen nach allen Richtungen ausschwärmen. Wenn das Wudu-Dorf in der Nähe ist, wird es auch gefunden.
Na großartig!
Aber wir müssen sehr vorsichtig sein, Swana! Wir müssen die Wudu-Leute überraschen. Wenn sie uns zuerst sehen... o weia weia!
ZACK!
Schon entdeckt...
KREISCH!
Wudu!
Hilfe!
Man hat uns entdeckt.
Die ganze Safari türmt!
Irgendwas muß die Leutchen erschreckt haben.
Ich werde den Führer fragen, was los ist. Wo ist er? Auch getürmt?
In großen Sprüngen! Seine Fußspuren liegen drei Meter auseinander.
Darum! Jemand hat eine Wudu-Puppe in den Baum geschossen.

Na, dann sind wir ja mittendrin im Geschehen, oder?
Jedenfalls in der Nähe von Fudas Dorf, oder er würde nicht versuchen, uns zu verscheuchen.
Irgendwie fürchte ich mich, weiterzugehen. Aber ich habe keine Wahl. Ach, warum, warum mußte gerade mich der Wudu-Zauber treffen?
Falls du umkehren willst...
...wir sind jederzeit...
...dazu bereit.
Ich rechne damit, daß das Alter den Medizinmann etwas milder gestimmt hat. Aber wie auch immer — ich muß mit ihm reden.
Aber wo geht's lang?
Vielleicht weiß es unser Bombie. Wir gehen einfach hinter ihm her.
Bombie, hier ist deine Heimat. Hier weißt du Bescheid. Bitte, geh nach Haus!
Er steht einfach still, als wenn er uns nicht verstanden hätte.
Zombies sind eben Zombies, denke ich.
Hat jemand das Wort Zombie erwähnt? Ich bin Fachmann auf diesem Gebiet.
Auch über den Wudu-Hudu-Kult, über schwarze Magie, Geisterbeschwörung und so weiter bin ich bestens informiert.
Und falls ihr zufällig das Versteck des Medizinmanns Fuda sucht, kann ich euch den kürzesten Weg dorthin beschreiben.
Ich komme gerade von dort.
Kreisch! Ein Schrumpfmännchen!
Stell dich nicht so an!
Der tut dir doch nichts, klein wie er ist!
W...wer sind Sie?
Professor Obeliskoff, Ordinarius am Institut für okkulte Wissenschaften an der Universität Opulenta, USA!
Aber...
Du meinst meine Größe? Um die Sache kurz zu machen...
Ich kam nach Afrika, um den Wudu-Hudu-Kult wissenschaftlich zu erforschen. Ich suchte den Stamm der Fudas, fand ihn und wurde gut Freund mit dem Medizinmann.
Aber eines Tages überreichte mir der alte Knabe eine Wudu-Puppe und sagte, ich solle ihr mal auf den Bauch drücken. Ein Stich, und ich schnurrte zusammen.
O Gott, dann schrumpfe ich auch ein! Mir ist dasselbe passiert.
Wie lange ist das her?

Das war vor-vorgestern.
Dann haben Sie noch Zeit. Das Gift braucht vier Tage, bis es wirkt.
Wo ist der Medizinmann? Er muß mich anhören. Er muß den Zauber von mir nehmen, weil ich ja gar nicht der bin, den er kleinkriegen will. Wo ist er?
Beruhigen Sie sich, mein Herr! Geben Sie mir Bleistift und Papier! Ich zeichne Ihnen den Weg auf!
Ogottogott-ogott!
Sie sollten sich nicht so aufregen! Klein zu sein hat große Vorteile.
Nehmen Sie die Kleiderfrage! Eine Nußschale genügt als Hut. Abgeschnittene Finger von alten Handschuhen sind prima Beinkleider. Und was ich an Nahrung brauche, ist nicht der Rede wert. Ich kann tagelang von einer Erdnuß leben.
Und wenn ich zu meiner Universität zurückkehre, gibt es keinerlei Wohnungsprobleme. Ein alter Koffer ist für mich eine komfortable Acht-Zimmer-Wohnung.
Hören Sie auf!
Die Vorteile des Kleinseins interessieren mich einen feuchten Dreck. Geben Sie mir endlich Ihre Zeichnung!
Nun kommt schon! Ich muß den alten Fuda sprechen.
Übrigens, euer Zombie ist eine interessante Erscheinung. Der funktioniert noch.
Falls Sie es nicht wissen, Zombies sind Leute, die durch Zauberei und harte Drogen auf einen bestimmten Auftrag fixiert werden. Sie fühlen nichts, sind eigentlich fein heraus.
Müssen sie für immer Zombies bleiben?
Nein! Nach 100 Jahren verliert die Droge ihre Wirkung, und sie werden wieder normal.
Was sagst du nun, Bombie? Wir denken, du bist ein kaputter Typ, dabei hast du noch eine Zukunft.
Nach diesem aufschlußreichen Zwischenfall marschiert man weiter und gelangt vor das Tor des verborgenen Zuda-Dorfes...
Bitte aufmachen! Ich muß Herrn Fuda sprechen! In einer dringenden Angelegenheit!
Aufmachen, sag' ich!
KLOPF! KLOPF!
PLUMPS!
Hilfe, Kinder! Die Erde verschlingt uns!
Nach einem kurzen Augenblick der Dunkelheit taucht man an anderer Stelle unbeschadet wieder auf...
Dagobert Duck! Endlich seh' ich dich wieder!
Zwar war es Donalds größter Wunsch, den großen Medizinmann der Fudas zu sprechen, aber unter solchen Umständen wird es auch dem Tapfersten mulmig...

Ich habe sehr, sehr lange warten müssen, um dich in meine Klauen zu bekommen.
Dagobert? Bin ich nicht! Ich seh' nur so aus, wie er vor 70 Jahren ausgesehen hat. Er ist heute ein alter Mann. Sie würden ihn nicht wiedererkennen.
70 Jahre sind eine lange Zeit. Er muß in der Tat stark gealtert sein, seit ich einen Zombie auf seine Spur angesetzt habe.
Eben! Aber Ihr Zombie hat sich das so wenig überlegt wie Sie. Er hat **mir** die Puppe gegeben. Der Stich traf mich, und wenn Sie mir nicht helfen, werde ich schrumpeln, bis ich nur noch so groß bin wie eine Ratte.
Und dabei habe ich Ihnen nie was getan.
Na ja, da ist wohl was schiefgelaufen!
Wieviel ist es dir wert, von mir gerettet zu werden?
Das Geschäftliche erledigen wir, Onkel Donald!
Es ist uns...
...so viel wert...
...Mister Fuda!
20 000 Taler! Für einen so stattlichen Preis bin ich durchaus bereit, euren Hudu zu dewudurisieren.
So wisse denn, du bist jetzt schon außer Gefahr. Der Wudu-Zauber in der Zombie-Puppe ist längst verflogen. Seit 50 Jahren, um genau zu sein!
Herzlichen Dank, Mister Fuda! Sie haben mir das Leben neu geschenkt.
Kommt, Kinder! Onkel Dagobert wird staunen, wenn wir ihm das erzählen.
ONKEL?
Ist Dagobert Duck dein Onkel?
Aber sicher! Ich bin sein Neffe!
GRABSCH!
Sperrt ihn ein! Nach unserm Gesetz haften auch Verwandte für die Freveltaten eines Bösewichts.
Holt meinen Kräuterkorb! Für den Burschen brau' ich ein besonders starkes Schrumpfmittel zusammen!
Was wollen Sie...
...unserm...
...Onkel antun?
Ich will ihn einschrumpeln, bis er klein ist wie eine Maus. Sobald der Mond heut nacht den höchsten Stand erreicht, bring' ich ihm eine Wudu-Puppe.
Und diesmal ist das Gift taufrisch!

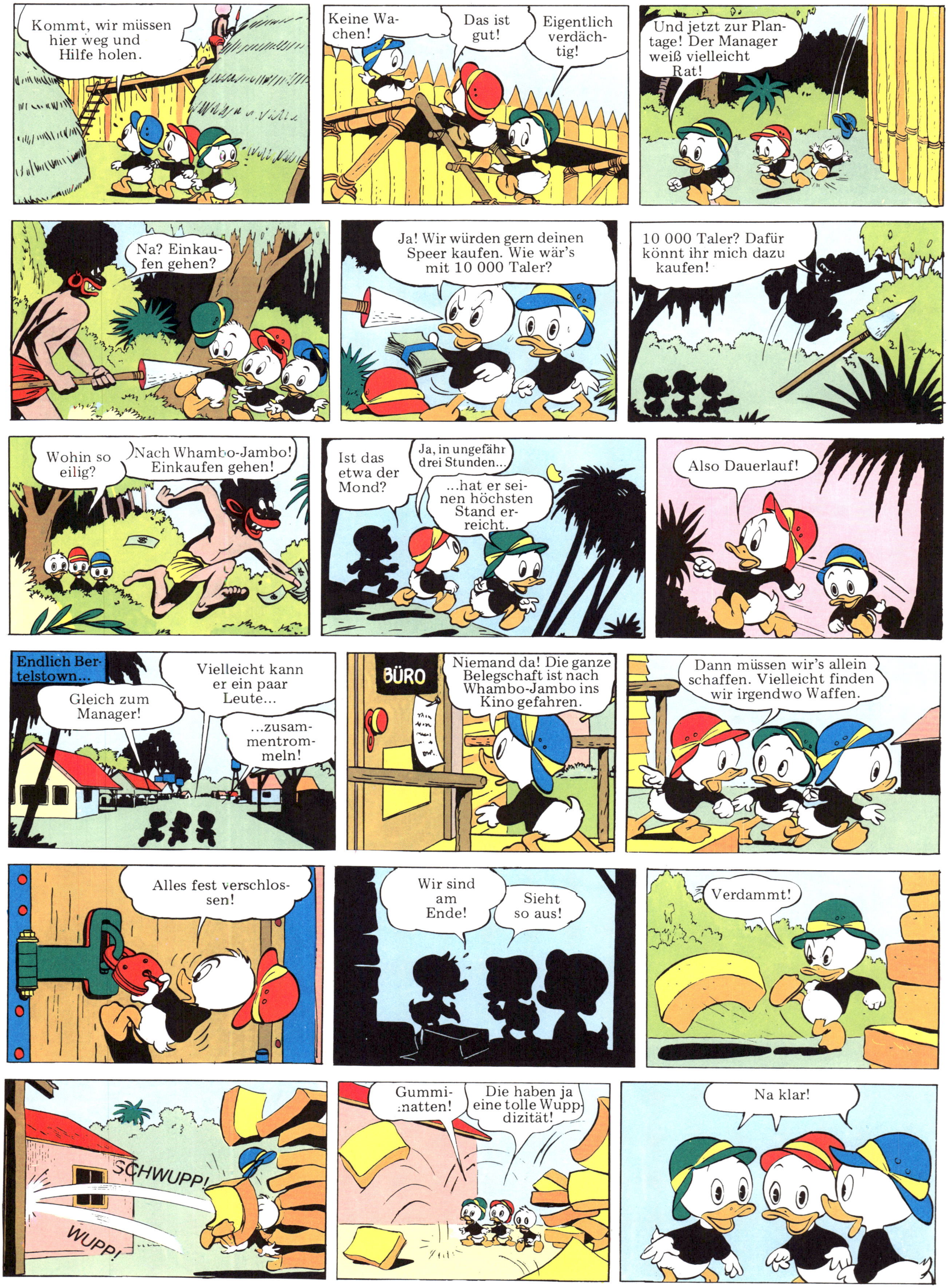

Kommt, wir müssen hier weg und Hilfe holen.
Keine Wachen!
Das ist gut!
Eigentlich verdächtig!
Und jetzt zur Plantage! Der Manager weiß vielleicht Rat!
Na? Einkaufen gehen?
Ja! Wir würden gern deinen Speer kaufen. Wie wär's mit 10 000 Taler?
10 000 Taler? Dafür könnt ihr mich dazu kaufen!
Wohin so eilig?
Nach Whambo-Jambo! Einkaufen gehen!
Ist das etwa der Mond?
Ja, in ungefähr drei Stunden...
...hat er seinen höchsten Stand erreicht.
Also Dauerlauf!
Endlich Bertelstown...
Gleich zum Manager!
Vielleicht kann er ein paar Leute...
...zusammentrommeln!
BÜRO
Niemand da! Die ganze Belegschaft ist nach Whambo-Jambo ins Kino gefahren.
Dann müssen wir's allein schaffen. Vielleicht finden wir irgendwo Waffen.
Alles fest verschlossen!
Wir sind am Ende!
Sieht so aus!
Verdammt!
SCHWUPP!
WUPP!
Gummimatten!
Die haben ja eine tolle Wuppdizität!
Na klar!

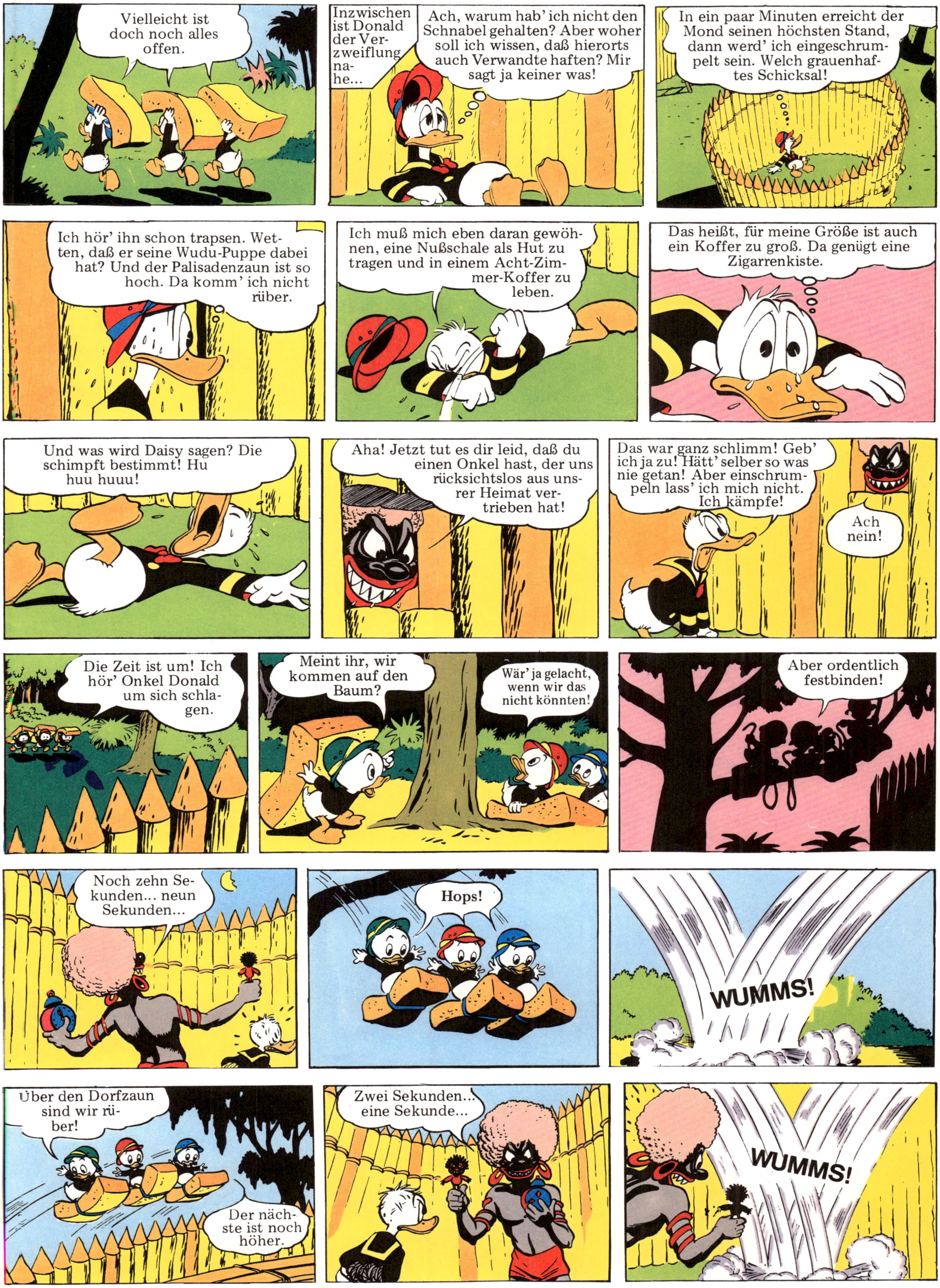
Vielleicht ist doch noch alles offen.
Inzwischen ist Donald der Verzweiflung nahe...
Ach, warum hab' ich nicht den Schnabel gehalten? Aber woher soll ich wissen, daß hierorts auch Verwandte haften? Mir sagt ja keiner was!
In ein paar Minuten erreicht der Mond seinen höchsten Stand, dann werd' ich eingeschrumpelt sein. Welch grauenhaftes Schicksal!
Ich hör' ihn schon trapsen. Wetten, daß er seine Wudu-Puppe dabei hat? Und der Palisadenzaun ist so hoch. Da komm' ich nicht rüber.
Ich muß mich eben daran gewöhnen, eine Nußschale als Hut zu tragen und in einem Acht-Zimmer-Koffer zu leben.
Das heißt, für meine Größe ist auch ein Koffer zu groß. Da genügt eine Zigarrenkiste.
Und was wird Daisy sagen? Die schimpft bestimmt! Hu huu huuu!
Aha! Jetzt tut es dir leid, daß du einen Onkel hast, der uns rücksichtslos aus unserer Heimat vertrieben hat!
Das war ganz schlimm! Geb' ich ja zu! Hätt' selber so was nie getan! Aber einschrumpeln lass' ich mich nicht. Ich kämpfe!
Ach nein!
Die Zeit ist um! Ich hör' Onkel Donald um sich schlagen.
Meint ihr, wir kommen auf den Baum?
Wär' ja gelacht, wenn wir das nicht könnten!
Aber ordentlich festbinden!
Noch zehn Sekunden... neun Sekunden...
Hops!
WUMMS!
Über den Dorfzaun sind wir rüber!
Der nächste ist noch höher.
Zwei Sekunden... eine Sekunde...
WUMMS!

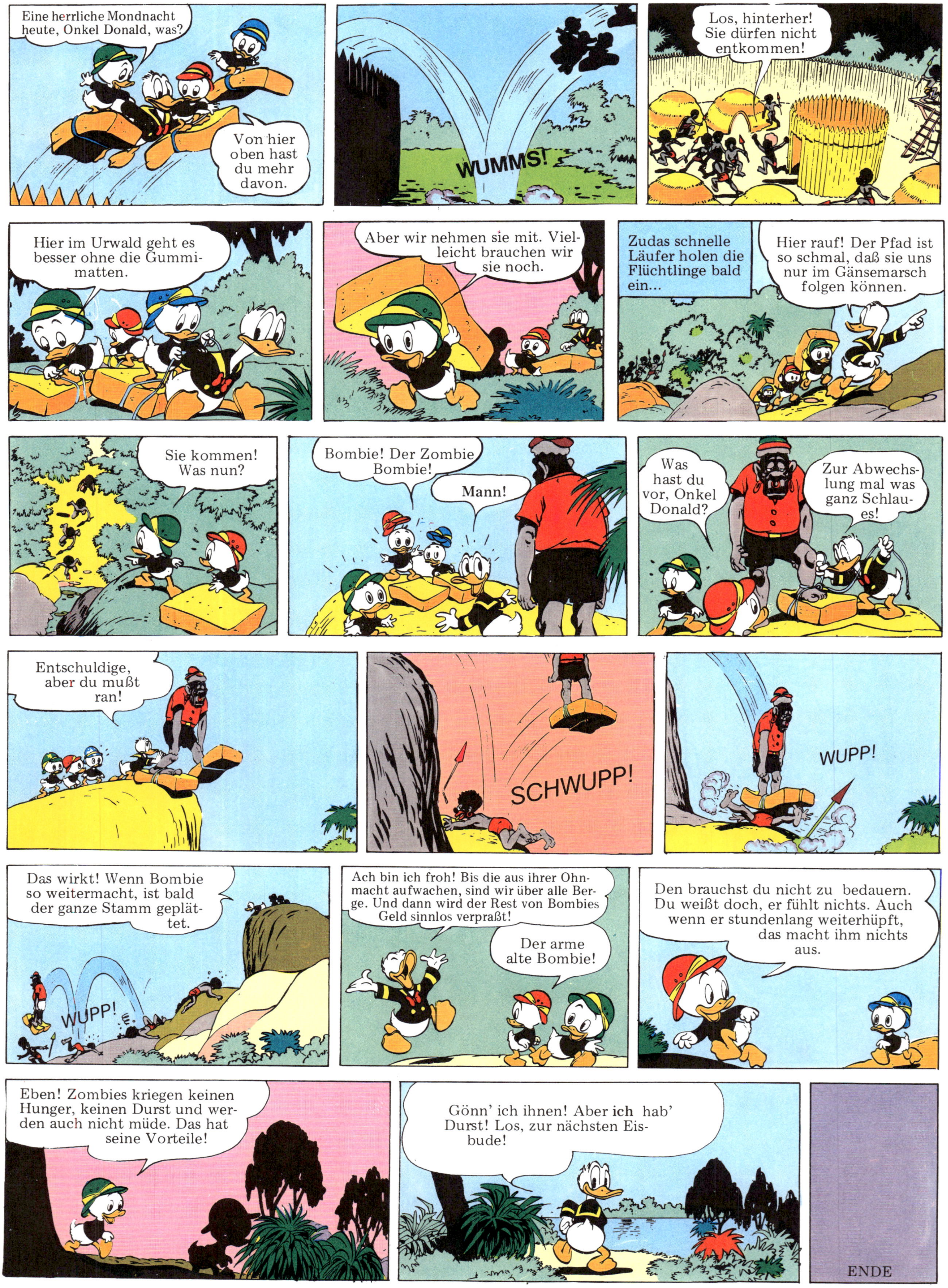
Eine herrliche Mondnacht heute, Onkel Donald, was?
Von hier oben hast du mehr davon.
WUMMS!
Los, hinterher! Sie dürfen nicht entkommen!
Hier im Urwald geht es besser ohne die Gummimatten.
Aber wir nehmen sie mit. Vielleicht brauchen wir sie noch.
Zudas schnelle Läufer holen die Flüchtlinge bald ein...
Hier rauf! Der Pfad ist so schmal, daß sie uns nur im Gänsemarsch folgen können.
Sie kommen! Was nun?
Bombie! Der Zombie Bombie!
Mann!
Was hast du vor, Onkel Donald?
Zur Abwechslung mal was ganz Schlaues!
Entschuldige, aber du mußt ran!
SCHWUPP!
WUPP!
Das wirkt! Wenn Bombie so weitermacht, ist bald der ganze Stamm geplättet.
WUPP!
Ach bin ich froh! Bis die aus ihrer Ohnmacht aufwachen, sind wir über alle Berge. Und dann wird der Rest von Bombies Geld sinnlos verpraßt!
Der arme alte Bombie!
Den brauchst du nicht zu bedauern. Du weißt doch, er fühlt nichts. Auch wenn er stundenlang weiterhüpft, das macht ihm nichts aus.
Eben! Zombies kriegen keinen Hunger, keinen Durst und werden auch nicht müde. Das hat seine Vorteile!
Gönn' ich ihnen! Aber **ich** hab' Durst! Los, zur nächsten Eisbude!
ENDE

Maharadscha für einen Tag

Maharadscha für einen Tag

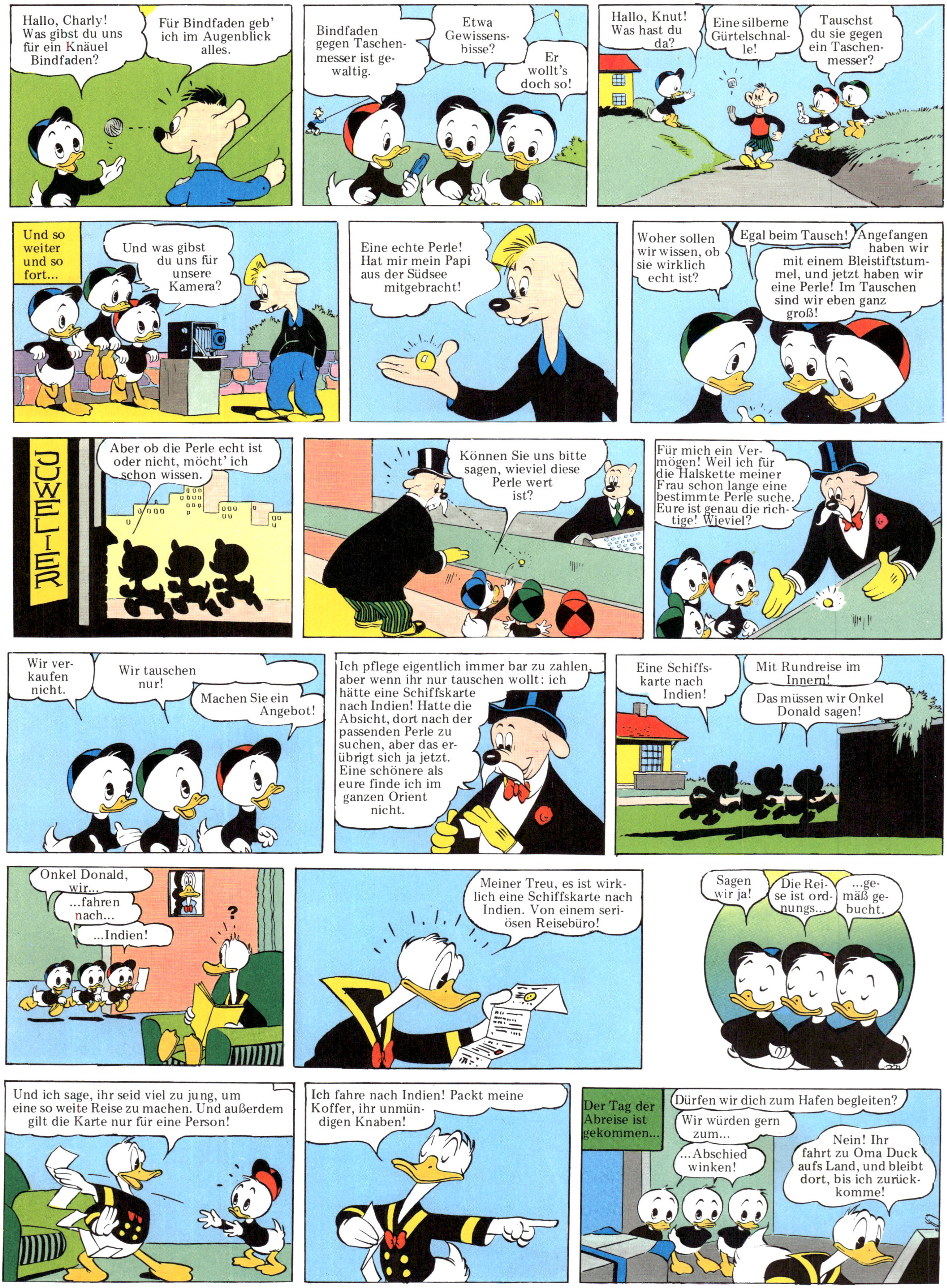

Hallo, Charly! Was gibst du uns für ein Knäuel Bindfaden?
Für Bindfaden geb' ich im Augenblick alles.
Bindfaden gegen Taschenmesser ist gewaltig.
Etwa Gewissensbisse?
Er wollt's doch so!
Hallo, Knut! Was hast du da?
Eine silberne Gürtelschnalle!
Tauschst du sie gegen ein Taschenmesser?
Und so weiter und so fort...
Und was gibst du uns für unsere Kamera?
Eine echte Perle! Hat mir mein Papi aus der Südsee mitgebracht!
Woher sollen wir wissen, ob sie wirklich echt ist?
Egal beim Tausch!
Angefangen haben wir mit einem Bleistiftstummel, und jetzt haben wir eine Perle! Im Tauschen sind wir eben ganz groß!
JUWELIER
Aber ob die Perle echt ist oder nicht, möcht' ich schon wissen.
Können Sie uns bitte sagen, wieviel diese Perle wert ist?
Für mich ein Vermögen! Weil ich für die Halskette meiner Frau schon lange eine bestimmte Perle suche. Eure ist genau die richtige! Wieviel?
Wir verkaufen nicht.
Wir tauschen nur!
Machen Sie ein Angebot!
Ich pflege eigentlich immer bar zu zahlen, aber wenn ihr nur tauschen wollt: ich hätte eine Schiffskarte nach Indien! Hatte die Absicht, dort nach der passenden Perle zu suchen, aber das erübrigt sich ja jetzt. Eine schönere als eure finde ich im ganzen Orient nicht.
Eine Schiffskarte nach Indien!
Mit Rundreise im Innern!
Das müssen wir Onkel Donald sagen!
Onkel Donald, wir...
...fahren nach...
...Indien!
?
Meiner Treu, es ist wirklich eine Schiffskarte nach Indien. Von einem seriösen Reisebüro!
Sagen wir ja!
Die Reise ist ordnungs...
...gemäß gebucht.
Und ich sage, ihr seid viel zu jung, um eine so weite Reise zu machen. Und außerdem gilt die Karte nur für eine Person!
Ich fahre nach Indien! Packt meine Koffer, ihr unmündigen Knaben!
Der Tag der Abreise ist gekommen...
Dürfen wir dich zum Hafen begleiten?
Wir würden gern zum...
...Abschied winken!
Nein! Ihr fahrt zu Oma Duck aufs Land, und bleibt dort, bis ich zurückkomme!

Dürfen wir dir dann für unterwegs einen Freßkorb verehren?
Oder auch...
...drei?
Nichts dagegen!
Wiedersehen, Onkel Donald!
Mach keinen...
...Blödsinn!
Jetzt schnell die...
...Freßkörbe...
...besorgen!
Drei große Körbe wie den da, bitte! Und tun...
...Sie Obst rein!
Bis obenhin!
Aufregend, so eine Schiffsreise! Aber wenn man die Heimat...
...so am Horizont verschwinden sieht — das greift ans Herz!
Doch nun den Blick nach vorn gerichtet!
Ich glaube, es ist Zeit, mich zum Abendessen umzuziehen!
Sieh da, das Abschiedsgeschenk der Kinder! Irgendwie rührend!
Obst! Von wegen der Vitamine! Tja, die heutige Jugend ist gesundheitsmäßig aufgeklärt!
Wem Gott will rechte Gunst erweisen, den schickt er in die weite Welt!
Also so was! Für einen Augenblick hab' ich gedacht, daß die Pampelmuse Augen hat!
Und die Ananas benimmt sich auch sonderbar.
Aua!
Aha!
PIEKS!
Verrat uns nicht, Onkel Donald!
Bitte, bitte!
Blinde Passagiere! Und das in meiner Familie!
Ihr bringt mich in eine sehr, sehr peinliche Lage. Das wird Folgen haben. Ach, wärt ihr doch bei Oma Duck geblieben!
Geschehen ist geschehen!
Wenn du keinen Ärger willst...
...mußt du uns irgendwo verstekken!
Ich frage mich, was man mit blinden Passagieren auf Schiffen macht! Ah, ich weiß... sie müssen die Reise abarbeiten!

Das kannst du uns nicht antun!
Versteck uns, Onkel Donald! Bitte, bitte!
Wir wollen so was auch nie wieder tun und dir immer gehorchen!
Das ist ein Wort! Dann laßt uns überlegen, wo wir euch verstauen können!
Vielleicht ist es möglich, den Steward zu bestechen, daß er euch in den Kohlenbunker läßt.
Pst! Jemand ist an der Tür!
Bitte aufmachen! Ticketkontrolle!
POCH! POCH!
Mach nicht auf...
...bis wir in unsern Körben sind!
Geht ganz schnell!
Nur hereinspaziert! Moment bitte! Ich hole die Schiffskarte gleich!
Der kleine Knallkopf hat Unmengen von Obst geschenkt bekommen. Muß ein großes Tier sein!
Ich lass' eine Ananas mitgehen! Das merkt der komische Vogel gar nicht!
Was ist denn das?
Aha! Blinde Passagiere!
Wir sind keine blinden Passagiere! Wirklich nicht! Unser Onkel Donald bezahlt die Überfahrt für uns.
Jetzt wollen Sie plötzlich bezahlen! Aber geplant war's anders, was? Sie wollten Ihre Neffen als blinde Passagiere durchschmuggeln.
Das sind nicht meine Neffen... habe diese Knaben nie in meinem Leben gesehen... zahle auch nicht für sie.
Und so brechen harte Zeiten für die Kinder an...
Das vergessen wir dir nie, Onkel Donald!
Du wirst es...
...noch bereuen!
Schweigt und macht eure Arbeit!
„Passagiere, die in Kalkutta von Bord gehen wollen, werden gebeten, sich aufs Vorderdeck zu begeben!"
Das betrifft nur mich! Ihr könnt das Schiff nicht verlassen! Ihr habt keine Pässe!
Ich werde ungefähr einen Monat in Indien bleiben und dann mit einem anderen Luxusdampfer nach Hause fahren!
Mal sehen, wie lange meine Schiffskarte gültig ist!
Wo ist sie denn?

Und wo ist mein Paß?
Ohne Paß und Ticket kann man ja nicht an Land gehen.
Schade, schade, schade!
Ihr habt meine Papiere! Gesteht!
Kann schon sein!
Wenn wir in Kalkutta nicht an Land gehen dürfen...
...dann du...
...auch nicht!
Gebt mir meinen Paß!
Nicht, bevor du uns...
...auch Pässe...
...besorgt hast!
Einen feuchten Kehricht besorg' ich euch! Rückt sofort meinen Paß raus, oder ich werde ungemütlich!
Einen Moment, meine Herren! Zufällig habe ich Ihre kleine Diskussion mit angehört. Ich versichere Ihnen, Ihr Problem ist durchaus zu lösen!
Ich könnte die nötigen Papiere besorgen, falls Sie mir einen — hüstel — kleinen Gefallen täten!
Wer sind Sie?
Das werden wir später erörtern! Zuerst müßte ich wissen, ob Sie bereit wären, mein Problem zu lösen. Es ist keine große Sache. Für Sie nur ein aufregendes Abenteuer!
Ein Abenteuer!
Dafür sind wir...
...immer!
Sie meinen doch wohl nicht, daß ich Kopf und Kragen riskieren soll?
Natürlich nicht! Es besteht keinerlei Gefahr — hüstel, hüstel! Ich schlage vor, Sie kommen mit in meinen Palast. Dort können wir alles in Ruhe besprechen.
Palast?
Ja! Sie wären meine Ehrengäste.
Schluß mit den Andeutungen! Sagen Sie klipp und klar, was Sie wollen! Wer sind Sie?
Der Herr Kapitän wird die Vorstellung übernehmen!
Meine Herren, der Radscha von Rupfepur!
Ein Radscha!
Schluck!
Von einem Einfamilienhaus in Entenhausen bis zum Palast eines Radschas in Indien ist ein ganz schöner Sprung! Unsern Reisenden verschlägt es den Atem...
Das Dach ist aus echtem Gold!
Und die Wände sind mit Edelsteinen besetzt!

Ich frage mich nicht ohne Sorge, was dieser indische Fürst von uns will.
Hauptsache, wir müssen keine Fußböden schrubben!
Schau dir den Ausländer an! Glaubst du, er ist klein genug für das große Geschäft?
Sie belieben zu scherzen, Hoheit! Man sieht mit bloßem Auge, daß er das nötige Gewicht nicht aufbringt! Sie haben wieder einmal eine vorzügliche Wahl getroffen.
Kommen Sie, meine Herren! Ich zeige Ihnen alles.
Das ist das Goldene Zimmer! Hier lasse ich meine Feinde übernachten! Alles ist aus echtem Gold, auch die Matratze! Wer hier schläft, verbringt eine harte Nacht!
Das ist der Juwelensaal. Hier lagern mehrere Tonnen Opale und Rubine, aber das meiste sind Diamanten! Ich sammle edle Steine, müssen Sie wissen.
Tonnen von Diamanten! Wie sind Sie an die rangekommen?
Gott, wie schon? Ich vergebe Kredite an benachbarte Kollegen, und die Rückzahlung verlange ich in Diamanten!
Aber immer nur Diamanten ist doch auf die Dauer stinklangweilig! Ich an Ihrer Stelle würde zur Abwechslung mal was anderes verlangen.
Sie haben's erfaßt, verehrter Herr Duck! Ganz instinktiv haben Sie erkannt, wozu ich Ihre Hilfe brauche. Kommen Sie mit auf den Turm!
Und jetzt werfen Sie einen Blick in die Runde!
Auf drei Seiten gehört das Gebiet mir, und zwar so weit das Auge reicht.
Aber auf der vierten reicht es nur bis zum Fluß! Das Land dahinter gehört dem Maharadscha von Majoran.
Mehr Dschungel als Land eigentlich!
Sehr richtig bemerkt! Aber ideal für die Tigerjagd! (Seufz!) Na ja, eines Tages wird das alles mir gehören!
Glaub' ich gern! Ein Mann, der so reich ist wie Sie, kann sich sicher so viel Land kaufen, wie er will.
Warum kaufen? Es gibt andere Möglichkeiten.
Der Maharadscha ist im Aufreißen der bekannten Schuldenlöcher und Finanzierungslücken ganz groß, wenn ich mich mal salopp ausdrücken darf. Er hat enorme Schulden bei mir. Muß in Diamanten abzahlen oder in Land! Hier ist Ihr Zimmer! Gute Nacht!
Das ist vielleicht ein Bett!
Ich vermute, die Aufgabe, die wir erledigen sollen, hat mit dem Radscha seinen Kreditgeschäften zu tun.
Eine Empfehlung von meinem Herrn, und er schickt Ihre neuen Gewänder. Aus feinster indischer Seide!
Da offenbar gewünscht wird, daß man die heimische Tracht trägt, kleidet man sich um und kommt sich großartig vor...
Wenn Daisy mich so sehen könnte!
Ach was!
So schön bist du doch gar nicht!
Schau uns an!

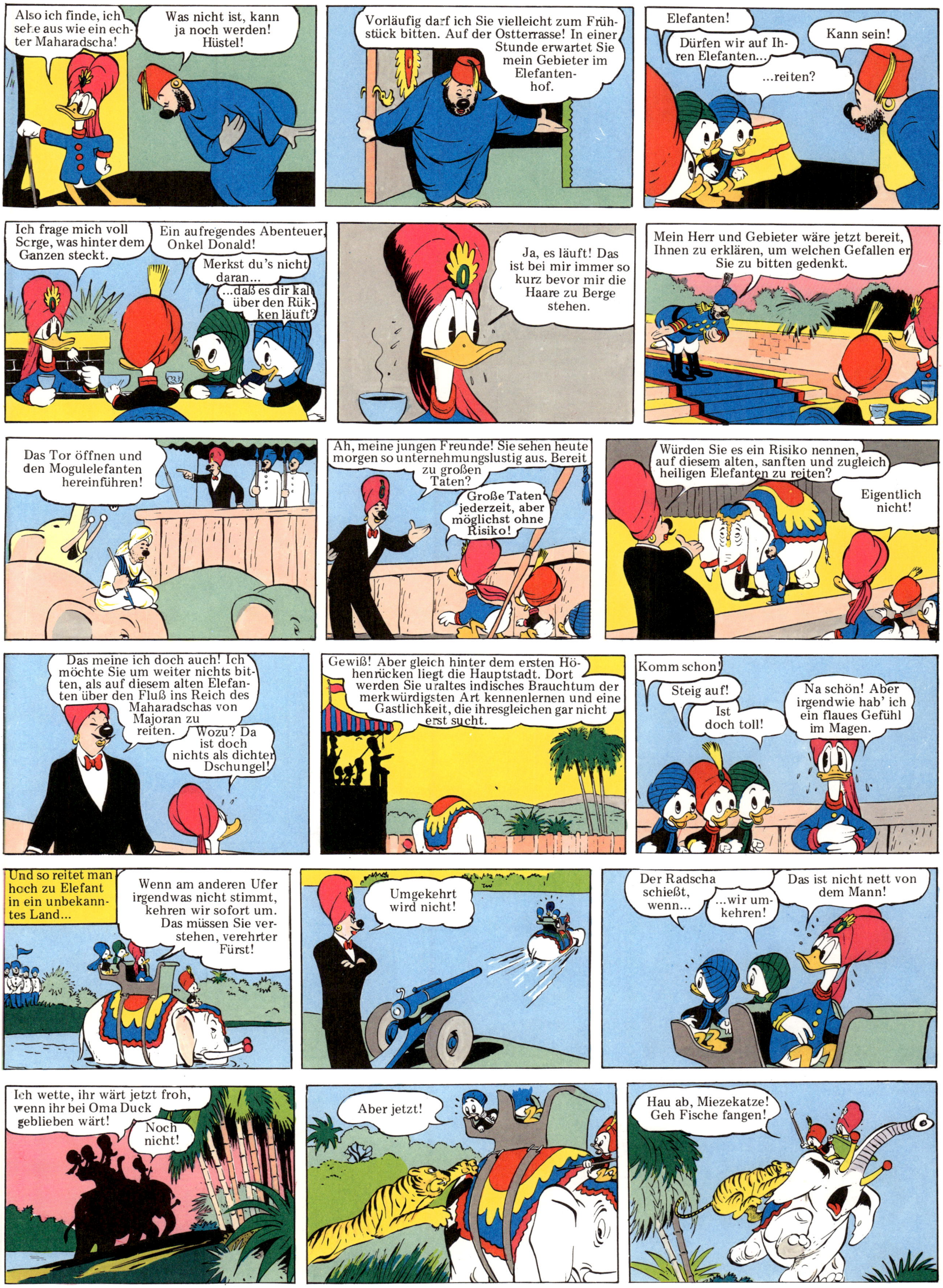
Also ich finde, ich sehe aus wie ein echter Maharadscha!
Was nicht ist, kann ja noch werden! Hüstel!
Vorläufig darf ich Sie vielleicht zum Frühstück bitten. Auf der Ostterrasse! In einer Stunde erwartet Sie mein Gebieter im Elefantenhof.
Elefanten!
Dürfen wir auf Ihren Elefanten...
...reiten?
Kann sein!
Ich frage mich voll Sorge, was hinter dem Ganzen steckt.
Ein aufregendes Abenteuer, Onkel Donald!
Merkst du's nicht daran...
...daß es dir kalt über den Rükken läuft?
Ja, es läuft! Das ist bei mir immer so kurz bevor mir die Haare zu Berge stehen.
Mein Herr und Gebieter wäre jetzt bereit, Ihnen zu erklären, um welchen Gefallen er Sie zu bitten gedenkt.
Das Tor öffnen und den Moguleleafanten hereinführen!
Ah, meine jungen Freunde! Sie sehen heute morgen so unternehmungslustig aus. Bereit zu großen Taten?
Große Taten jederzeit, aber möglichst ohne Risiko!
Würden Sie es ein Risiko nennen, auf diesem alten, sanften und zugleich heiligen Elefanten zu reiten?
Eigentlich nicht!
Das meine ich doch auch! Ich möchte Sie um weiter nichts bitten, als auf diesem alten Elefanten über den Fluß ins Reich des Maharadschas von Majoran zu reiten.
Wozu? Da ist doch nichts als dichter Dschungel!
Gewiß! Aber gleich hinter dem ersten Höhenrücken liegt die Hauptstadt. Dort werden Sie uraltes indisches Brauchtum der merkwürdigsten Art kennenlernen und eine Gastlichkeit, die ihresgleichen gar nicht erst sucht.
Komm schon!
Steig auf!
Ist doch toll!
Na schön! Aber irgendwie hab' ich ein flaues Gefühl im Magen.
Und so reitet man hoch zu Elefant in ein unbekanntes Land...
Wenn am anderen Ufer irgendwas nicht stimmt, kehren wir sofort um. Das müssen Sie verstehen, verehrter Fürst!
Umgekehrt wird nicht!
Der Radscha schießt, wenn...
...wir umkehren!
Das ist nicht nett von dem Mann!
Ich wette, ihr wärt jetzt froh, wenn ihr bei Oma Duck geblieben wärt!
Noch nicht!
Aber jetzt!
Hau ab, Miezekatze! Geh Fische fangen!

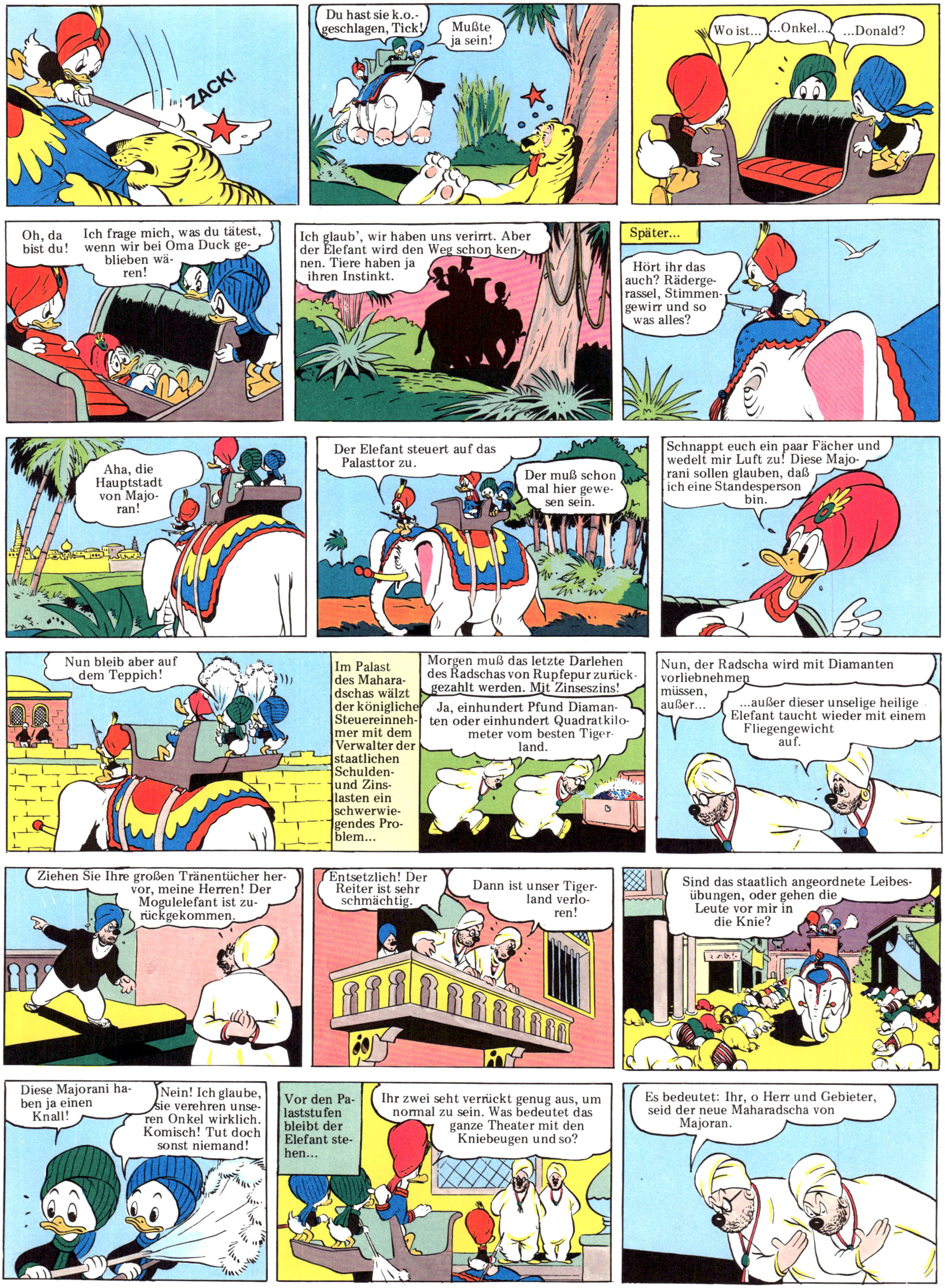
ZACK!
Du hast sie k.o.-geschlagen, Tick!
Mußte ja sein!
Wo ist...
...Onkel...
...Donald?
Oh, da bist du!
Ich frage mich, was du tätest, wenn wir bei Oma Duck geblieben wären!
Ich glaub', wir haben uns verirrt. Aber der Elefant wird den Weg schon kennen. Tiere haben ja ihren Instinkt.
Später...
Hört ihr das auch? Rädergerassel, Stimmengewirr und so was alles?
Aha, die Hauptstadt von Majoran!
Der Elefant steuert auf das Palasttor zu.
Der muß schon mal hier gewesen sein.
Schnappt euch ein paar Fächer und wedelt mir Luft zu! Diese Majorani sollen glauben, daß ich eine Standesperson bin.
Nun bleib aber auf dem Teppich!
Im Palast des Maharadschas wälzt der königliche Steuereinnehmer mit dem Verwalter der staatlichen Schulden- und Zinslasten ein schwerwiegendes Problem...
Morgen muß das letzte Darlehen des Radschas von Rupfepur zurückgezahlt werden. Mit Zinseszins!
Ja, einhundert Pfund Diamanten oder einhundert Quadratkilometer vom besten Tigerland.
Nun, der Radscha wird mit Diamanten vorliebnehmen müssen, außer...
...außer dieser unselige heilige Elefant taucht wieder mit einem Fliegengewicht auf.
Ziehen Sie Ihre großen Tränentücher hervor, meine Herren! Der Mogulelefant ist zurückgekommen.
Entsetzlich! Der Reiter ist sehr schmächtig.
Dann ist unser Tigerland verloren!
Sind das staatlich angeordnete Leibesübungen, oder gehen die Leute vor mir in die Knie?
Diese Majorani haben ja einen Knall!
Nein! Ich glaube, sie verehren unseren Onkel wirklich. Komisch! Tut doch sonst niemand!
Vor den Palaststufen bleibt der Elefant stehen...
Ihr zwei seht verrückt genug aus, um normal zu sein. Was bedeutet das ganze Theater mit den Kniebeugen und so?
Es bedeutet: Ihr, o Herr und Gebieter, seid der neue Maharadscha von Majoran.

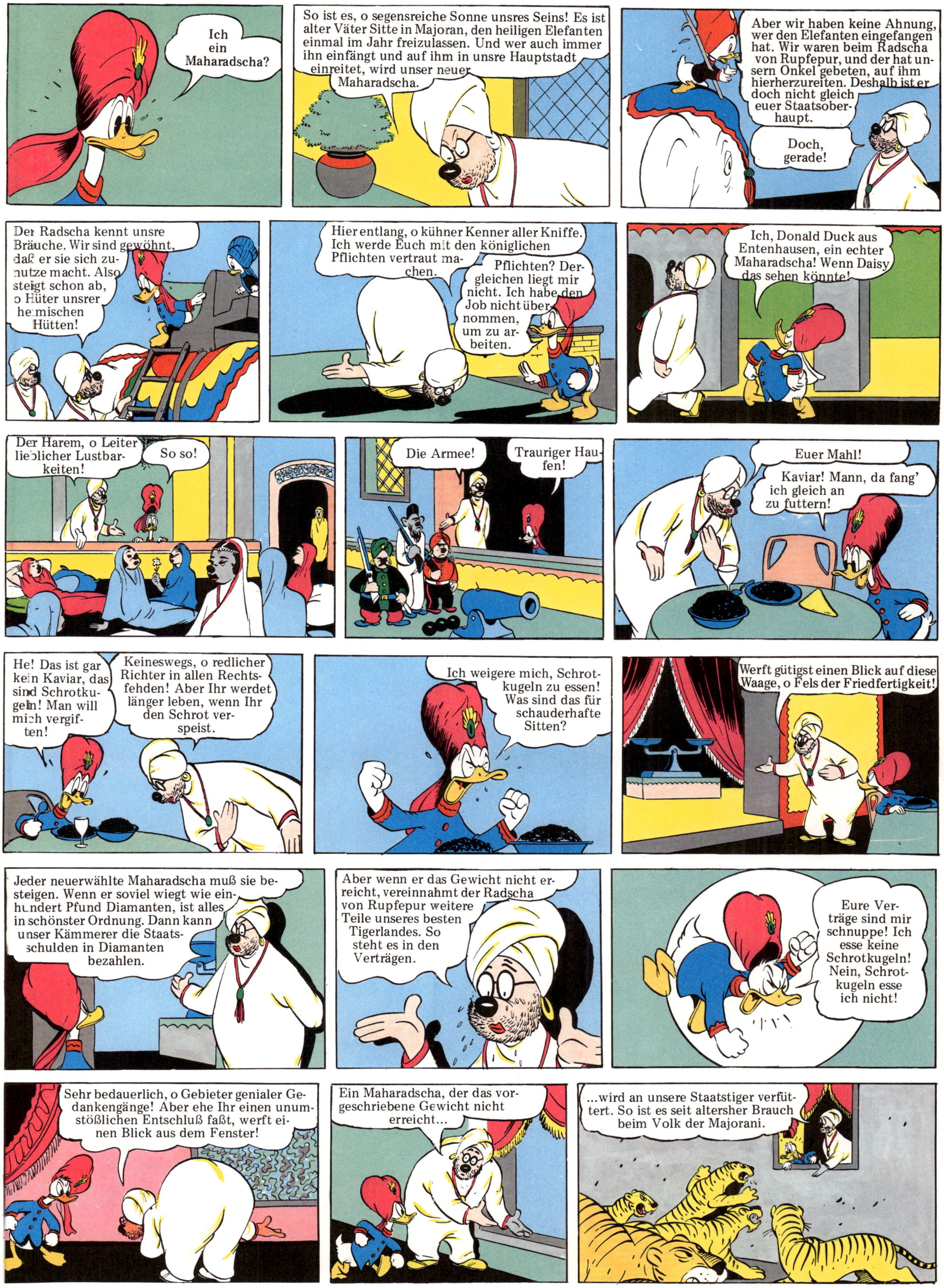
Ich ein Maharadscha?
So ist es, o segensreiche Sonne unsres Seins! Es ist alter Väter Sitte in Majoran, den heiligen Elefanten einmal im Jahr freizulassen. Und wer auch immer ihn einfängt und auf ihm in unsre Hauptstadt einreitet, wird unser neuer Maharadscha.
Aber wir haben keine Ahnung, wer den Elefanten eingefangen hat. Wir waren beim Radscha von Rupfepur, und der hat unsern Onkel gebeten, auf ihm hierherzureiten. Deshalb ist er doch nicht gleich euer Staatsoberhaupt.
Doch, gerade!
Der Radscha kennt unsre Bräuche. Wir sind gewöhnt, daß er sie sich zunutze macht. Also steigt schon ab, o Hüter unsrer heimischen Hütten!
Hier entlang, o kühner Kenner aller Kniffe. Ich werde Euch mit den königlichen Pflichten vertraut machen.
Pflichten? Dergleichen liegt mir nicht. Ich habe den Job nicht übernommen, um zu arbeiten.
Ich, Donald Duck aus Entenhausen, ein echter Maharadscha! Wenn Daisy das sehen könnte!
Der Harem, o Leiter lieblicher Lustbarkeiten!
So so!
Die Armee!
Trauriger Haufen!
Euer Mahl!
Kaviar! Mann, da fang' ich gleich an zu futtern!
He! Das ist gar kein Kaviar, das sind Schrotkugeln! Man will mich vergiften!
Keineswegs, o redlicher Richter in allen Rechtsfehden! Aber Ihr werdet länger leben, wenn Ihr den Schrot verspeist.
Ich weigere mich, Schrotkugeln zu essen! Was sind das für schauderhafte Sitten?
Werft gütigst einen Blick auf diese Waage, o Fels der Friedfertigkeit!
Jeder neuerwählte Maharadscha muß sie besteigen. Wenn er soviel wiegt wie einhundert Pfund Diamanten, ist alles in schönster Ordnung. Dann kann unser Kämmerer die Staatsschulden in Diamanten bezahlen.
Aber wenn er das Gewicht nicht erreicht, vereinnahmt der Radscha von Rupfepur weitere Teile unseres besten Tigerlandes. So steht es in den Verträgen.
Eure Verträge sind mir schnuppe! Ich esse keine Schrotkugeln! Nein, Schrotkugeln esse ich nicht!
Sehr bedauerlich, o Gebieter genialer Gedankengänge! Aber ehe Ihr einen unumstößlichen Entschluß faßt, werft einen Blick aus dem Fenster!
Ein Maharadscha, der das vorgeschriebene Gewicht nicht erreicht...
...wird an unsere Staatstiger verfüttert. So ist es seit altersher Brauch beim Volk der Majorani.

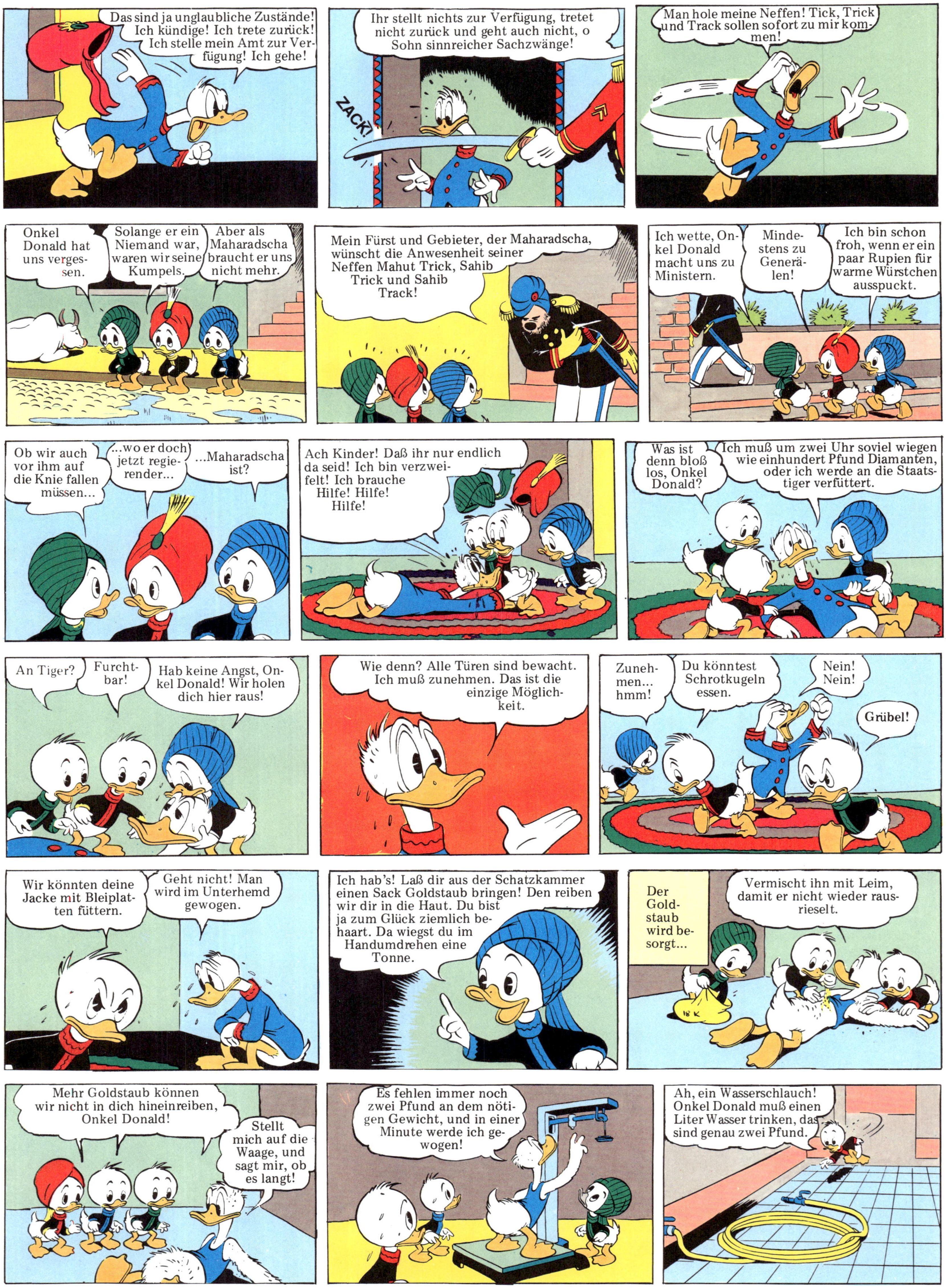
Das sind ja unglaubliche Zustände! Ich kündige! Ich trete zurück! Ich stelle mein Amt zur Verfügung! Ich gehe!
Ihr stellt nichts zur Verfügung, tretet nicht zurück und geht auch nicht, o Sohn sinnreicher Sachzwänge!
ZACK!
Man hole meine Neffen! Tick, Trick und Track sollen sofort zu mir kommen!
Onkel Donald hat uns vergessen.
Solange er ein Niemand war, waren wir seine Kumpels.
Aber als Maharadscha braucht er uns nicht mehr.
Mein Fürst und Gebieter, der Maharadscha, wünscht die Anwesenheit seiner Neffen Mahut Trick, Sahib Trick und Sahib Track!
Ich wette, Onkel Donald macht uns zu Ministern.
Mindestens zu Generälen!
Ich bin schon froh, wenn er ein paar Rupien für warme Würstchen ausspuckt.
Ob wir auch vor ihm auf die Knie fallen müssen...
...wo er doch jetzt regierender...
...Maharadscha ist?
Ach Kinder! Daß ihr nur endlich da seid! Ich bin verzweifelt! Ich brauche Hilfe! Hilfe! Hilfe!
Was ist denn bloß los, Onkel Donald?
Ich muß um zwei Uhr soviel wiegen wie einhundert Pfund Diamanten, oder ich werde an die Staatstiger verfüttert.
An Tiger?
Furchtbar!
Hab keine Angst, Onkel Donald! Wir holen dich hier raus!
Wie denn? Alle Türen sind bewacht. Ich muß zunehmen. Das ist die einzige Möglichkeit.
Zunehmen... hmm!
Du könntest Schrotkugeln essen.
Nein! Nein!
Grübel!
Wir könnten deine Jacke mit Bleiplatten füttern.
Geht nicht! Man wird im Unterhemd gewogen.
Ich hab's! Laß dir aus der Schatzkammer einen Sack Goldstaub bringen! Den reiben wir dir in die Haut. Du bist ja zum Glück ziemlich behaart. Da wiegst du im Handumdrehen eine Tonne.
Der Goldstaub wird besorgt...
Vermischt ihn mit Leim, damit er nicht wieder rausrieselt.
18 K
Mehr Goldstaub können wir nicht in dich hineinreiben, Onkel Donald!
Stellt mich auf die Waage, und sagt mir, ob es langt!
Es fehlen immer noch zwei Pfund an dem nötigen Gewicht, und in einer Minute werde ich gewogen!
Ah, ein Wasserschlauch! Onkel Donald muß einen Liter Wasser trinken, das sind genau zwei Pfund.

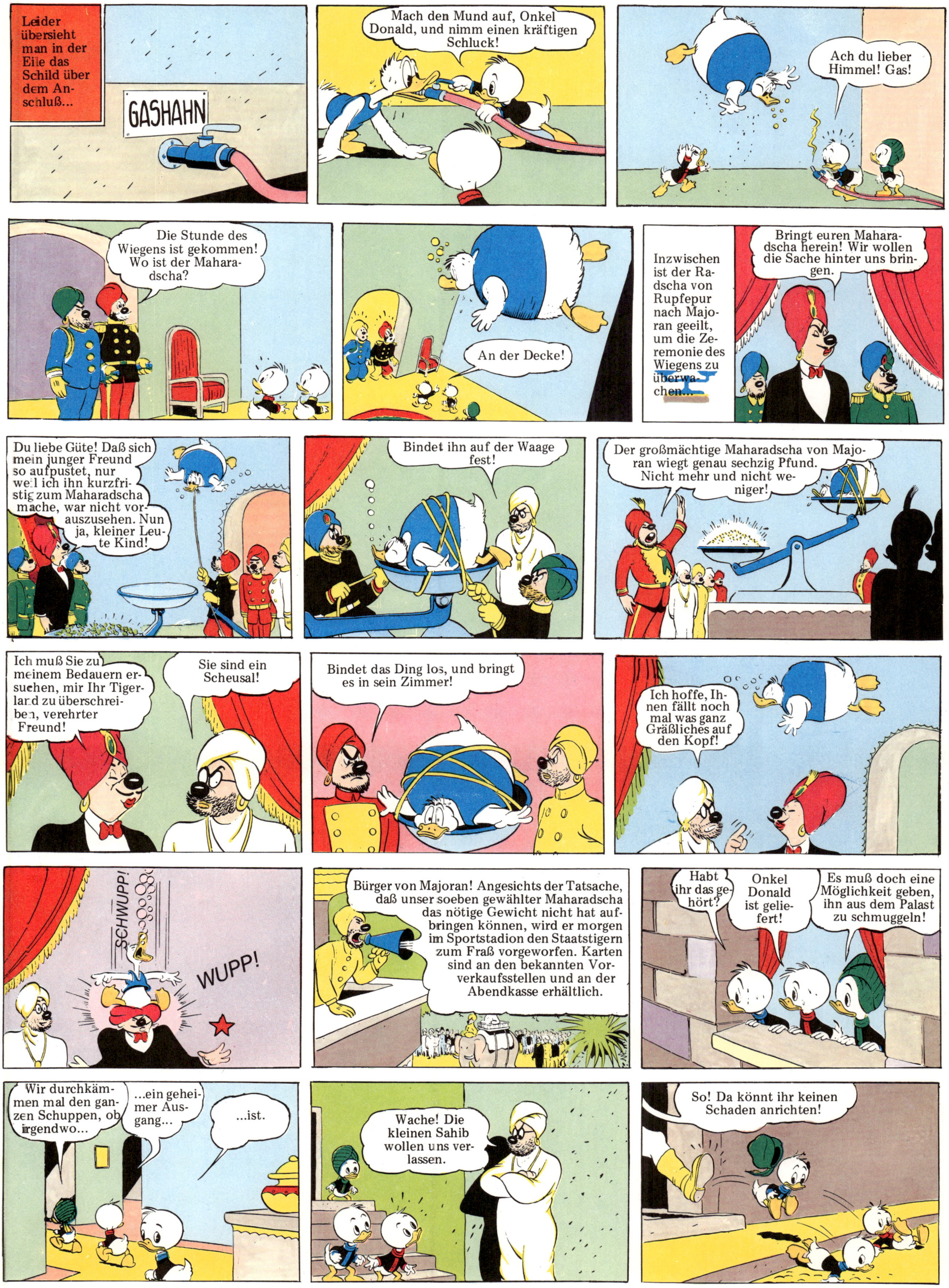
Leider übersieht man in der Eile das Schild über dem Anschluß...
GASHAHN
Mach den Mund auf, Onkel Donald, und nimm einen kräftigen Schluck!
Ach du lieber Himmel! Gas!
Die Stunde des Wiegens ist gekommen! Wo ist der Maharadscha?
An der Decke!
Inzwischen ist der Radscha von Rupfepur nach Majoran geeilt, um die Zeremonie des Wiegens zu überwachen...
Bringt euren Maharadscha herein! Wir wollen die Sache hinter uns bringen.
Du liebe Güte! Daß sich mein junger Freund so aufpustet, nur weil ich ihn kurzfristig zum Maharadscha mache, war nicht vorauszusehen. Nun ja, kleiner Leute Kind!
Bindet ihn auf der Waage fest!
Der großmächtige Maharadscha von Majoran wiegt genau sechzig Pfund. Nicht mehr und nicht weniger!
Ich muß Sie zu meinem Bedauern ersuchen, mir Ihr Tigerland zu überschreiben, verehrter Freund!
Sie sind ein Scheusal!
Bindet das Ding los, und bringt es in sein Zimmer!
Ich hoffe, Ihnen fällt noch mal was ganz Gräßliches auf den Kopf!
SCHWUPP!
WUPP!
Bürger von Majoran! Angesichts der Tatsache, daß unser soeben gewählter Maharadscha das nötige Gewicht nicht hat aufbringen können, wird er morgen im Sportstadion den Staatstigern zum Fraß vorgeworfen. Karten sind an den bekannten Vorverkaufsstellen und an der Abendkasse erhältlich.
Habt ihr das gehört?
Onkel Donald ist geliefert!
Es muß doch eine Möglichkeit geben, ihn aus dem Palast zu schmuggeln!
Wir durchkämmen mal den ganzen Schuppen, ob irgendwo...
...ein geheimer Ausgang...
...ist.
Wache! Die kleinen Sahib wollen uns verlassen.
So! Da könnt ihr keinen Schaden anrichten!

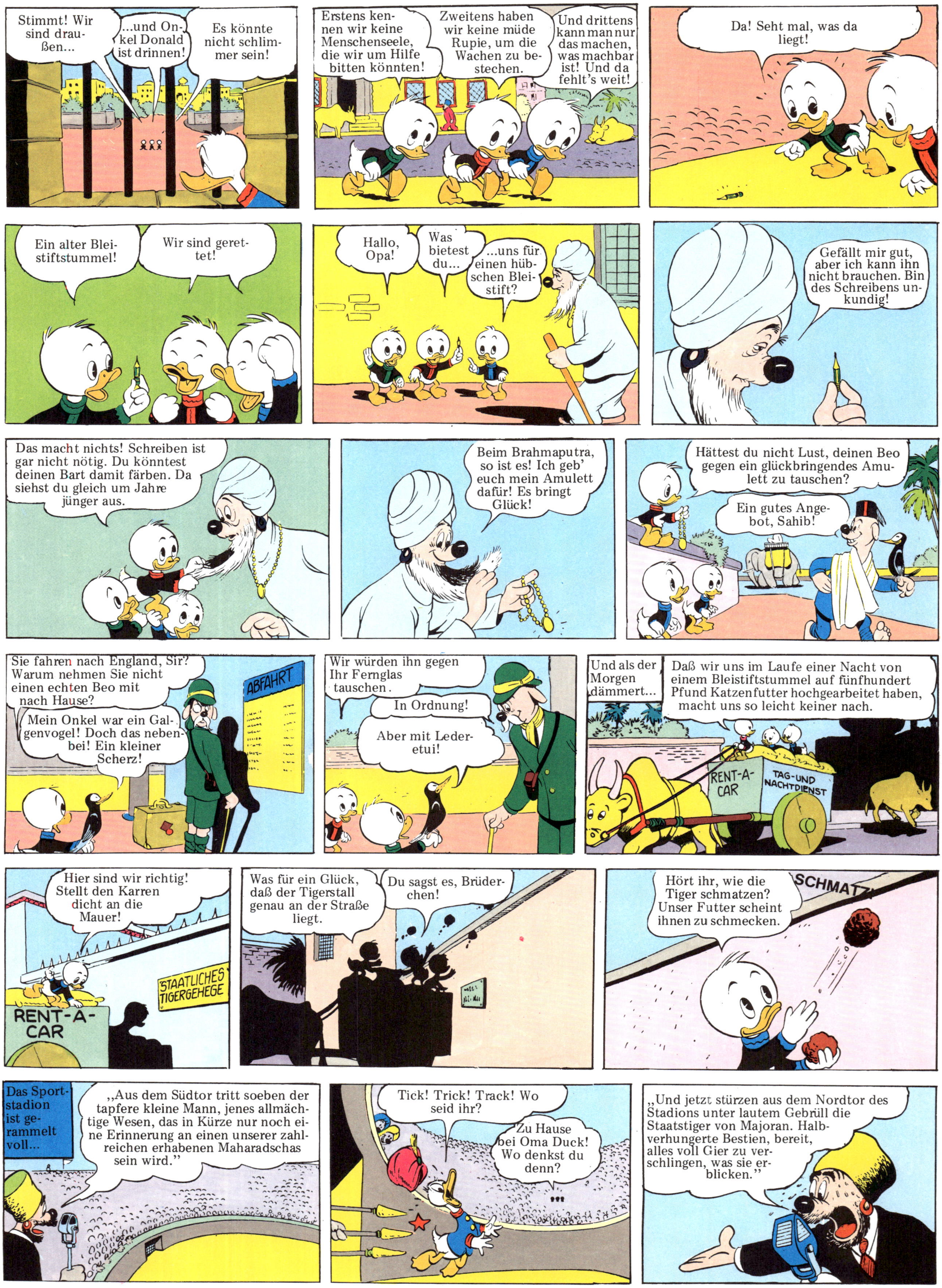
Stimmt! Wir sind draußen...
...und Onkel Donald ist drinnen!
Es könnte nicht schlimmer sein!
Erstens kennen wir keine Menschenseele, die wir um Hilfe bitten könnten!
Zweitens haben wir keine müde Rupie, um die Wachen zu bestechen.
Und drittens kann man nur das machen, was machbar ist! Und da fehlt's weit!
Da! Seht mal, was da liegt!
Ein alter Bleistiftstummel!
Wir sind gerettet!
Hallo, Opa!
Was bietest du...
...uns für einen hübschen Bleistift?
Gefällt mir gut, aber ich kann ihn nicht brauchen. Bin des Schreibens unkundig!
Das macht nichts! Schreiben ist gar nicht nötig. Du könntest deinen Bart damit färben. Da siehst du gleich um Jahre jünger aus.
Beim Brahmaputra, so ist es! Ich geb' euch mein Amulett dafür! Es bringt Glück!
Hättest du nicht Lust, deinen Beo gegen ein glückbringendes Amulett zu tauschen?
Ein gutes Angebot, Sahib!
Sie fahren nach England, Sir? Warum nehmen Sie nicht einen echten Beo mit nach Hause?
Mein Onkel war ein Galgenvogel! Doch das nebenbei! Ein kleiner Scherz!
ABFAHRT
Wir würden ihn gegen Ihr Fernglas tauschen.
In Ordnung!
Aber mit Lederetui!
Und als der Morgen dämmert...
Daß wir uns im Laufe einer Nacht von einem Bleistiftstummel auf fünfhundert Pfund Katzenfutter hochgearbeitet haben, macht uns so leicht keiner nach.
RENT-A-CAR
TAG- UND NACHTDIENST
Hier sind wir richtig! Stellt den Karren dicht an die Mauer!
STAATLICHES TIGERGEHEGE
RENT-A-CAR
Was für ein Glück, daß der Tigerstall genau an der Straße liegt.
Du sagst es, Brüderchen!
Hört ihr, wie die Tiger schmatzen? Unser Futter scheint ihnen zu schmecken.
SCHMATZ
Das Sportstadion ist gerammelt voll...
„Aus dem Südtor tritt soeben der tapfere kleine Mann, jenes allmächtige Wesen, das in Kürze nur noch eine Erinnerung an einen unserer zahlreichen erhabenen Maharadschas sein wird."
Tick! Trick! Track! Wo seid ihr?
Zu Hause bei Oma Duck! Wo denkst du denn?
„Und jetzt stürzen aus dem Nordtor des Stadions unter lautem Gebrüll die Staatstiger von Majoran. Halbverhungerte Bestien, bereit, alles voll Gier zu verschlingen, was sie erblicken."

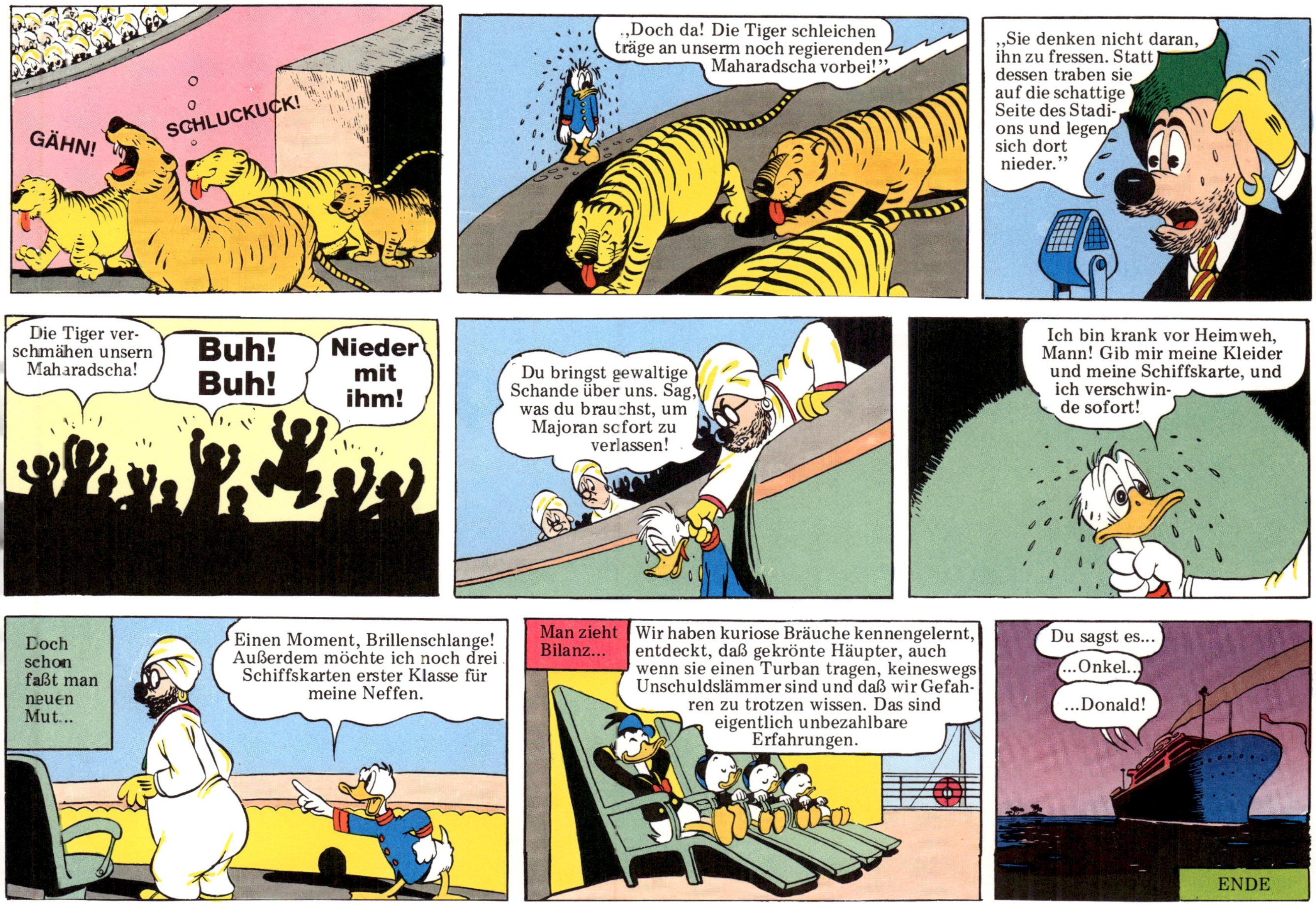
GÄHN!
SCHLUCKUCK!
„Doch da! Die Tiger schleichen träge an unserm noch regierenden Maharadscha vorbei!"
„Sie denken nicht daran, ihn zu fressen. Statt dessen traben sie auf die schattige Seite des Stadions und legen sich dort nieder."
Die Tiger verschmähen unsern Maharadscha!
Buh! Buh!
Nieder mit ihm!
Du bringst gewaltige Schande über uns. Sag, was du brauchst, um Majoran sofort zu verlassen!
Ich bin krank vor Heimweh, Mann! Gib mir meine Kleider und meine Schiffskarte, und ich verschwinde sofort!
Doch schon faßt man neuen Mut...
Einen Moment, Brillenschlange! Außerdem möchte ich noch drei Schiffskarten erster Klasse für meine Neffen.
Man zieht Bilanz...
Wir haben kuriose Bräuche kennengelernt, entdeckt, daß gekrönte Häupter, auch wenn sie einen Turban tragen, keineswegs Unschuldslämmer sind und daß wir Gefahren zu trotzen wissen. Das sind eigentlich unbezahlbare Erfahrungen.
Du sagst es...
...Onkel...
...Donald!
ENDE

Familie Duck auf Nordpolfahrt

Familie Duck auf Nordpolfahrt

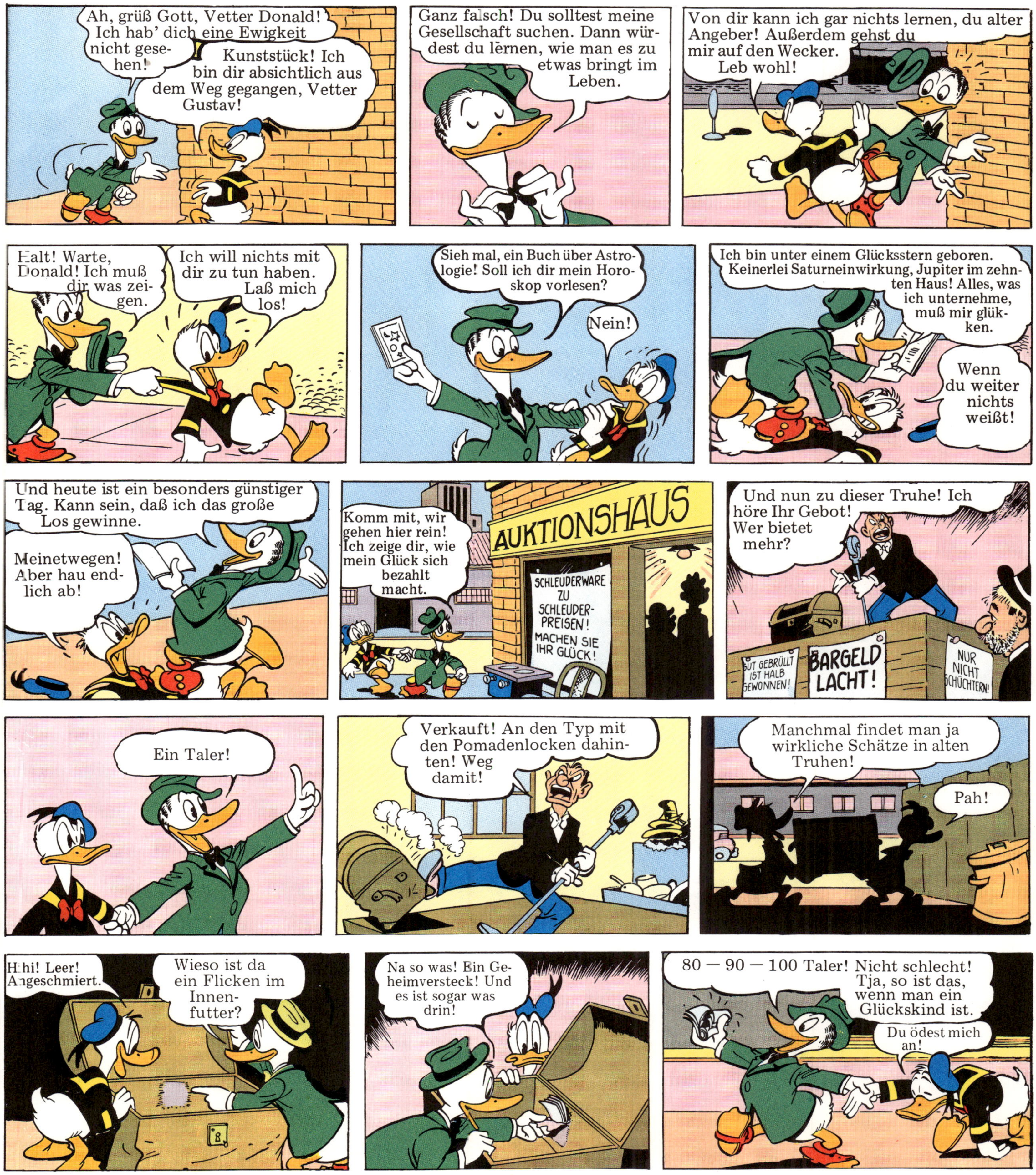

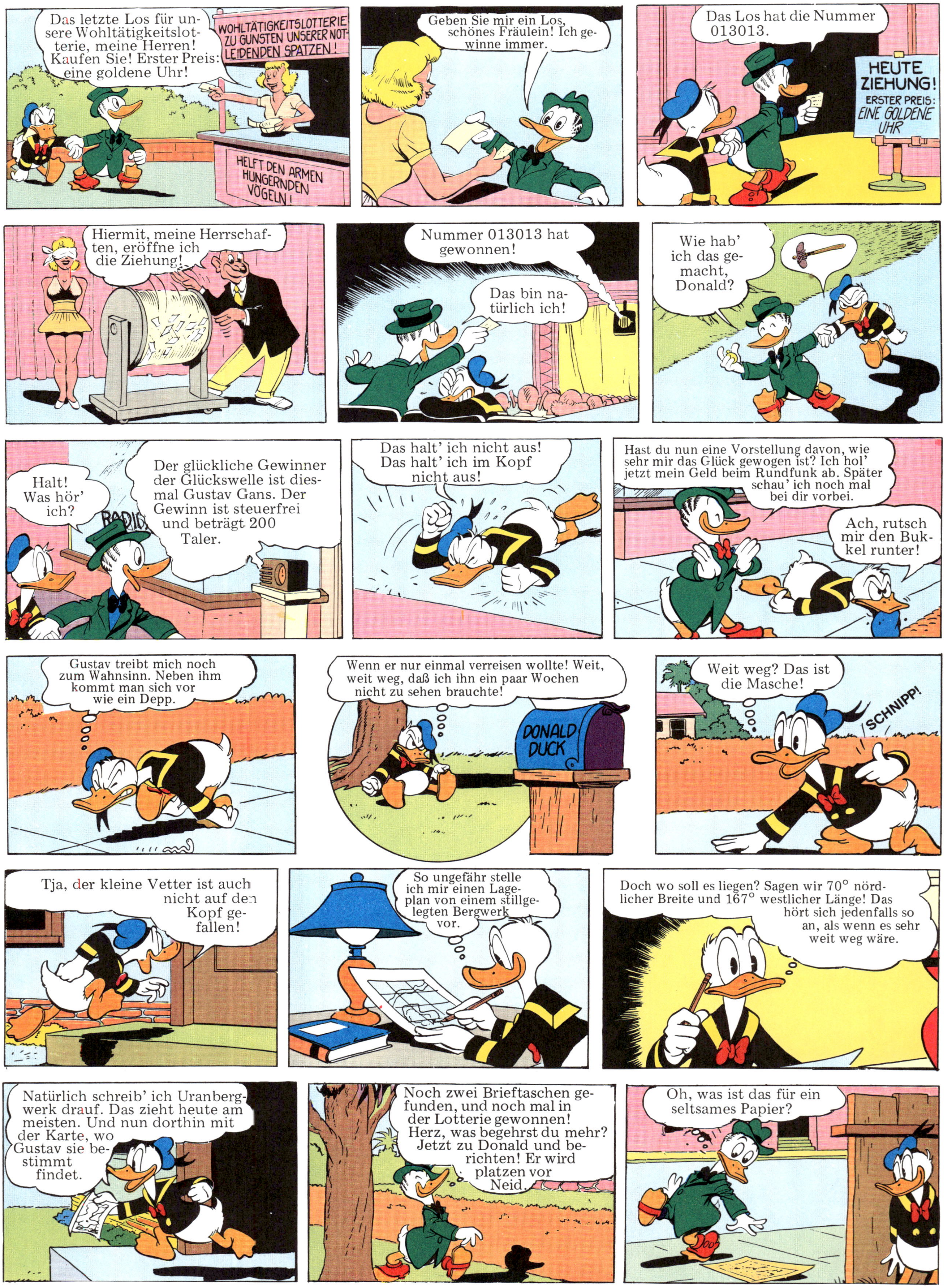

Das letzte Los für unsere Wohltätigkeitslotterie, meine Herren! Kaufen Sie! Erster Preis: eine goldene Uhr!
WOHLTÄTIGKEITSLOTTERIE ZU GUNSTEN UNSERER NOTLEIDENDEN SPATZEN!
HELFT DEN ARMEN HUNGERNDEN VÖGELN!
Geben Sie mir ein Los, schönes Fräulein! Ich gewinne immer.
Das Los hat die Nummer 013013.
HEUTE ZIEHUNG! ERSTER PREIS: EINE GOLDENE UHR
Hiermit, meine Herrschaften, eröffne ich die Ziehung!
Nummer 013013 hat gewonnen!
Das bin natürlich ich!
Wie hab' ich das gemacht, Donald?
Halt! Was hör' ich?
RADIO
Der glückliche Gewinner der Glückswelle ist diesmal Gustav Gans. Der Gewinn ist steuerfrei und beträgt 200 Taler.
Das halt' ich nicht aus! Das halt' ich im Kopf nicht aus!
Hast du nun eine Vorstellung davon, wie sehr mir das Glück gewogen ist? Ich hol' jetzt mein Geld beim Rundfunk ab. Später schau' ich noch mal bei dir vorbei.
Ach, rutsch mir den Buckel runter!
Gustav treibt mich noch zum Wahnsinn. Neben ihm kommt man sich vor wie ein Depp.
Wenn er nur einmal verreisen wollte! Weit, weit weg, daß ich ihn ein paar Wochen nicht zu sehen brauchte!
DONALD DUCK
Weit weg? Das ist die Masche!
SCHNIPP!
Tja, der kleine Vetter ist auch nicht auf den Kopf gefallen!
So ungefähr stelle ich mir einen Lageplan von einem stillgelegten Bergwerk vor.
Doch wo soll es liegen? Sagen wir 70° nördlicher Breite und 167° westlicher Länge! Das hört sich jedenfalls so an, als wenn es sehr weit weg wäre.
Natürlich schreib' ich Uranbergwerk drauf. Das zieht heute am meisten. Und nun dorthin mit der Karte, wo Gustav sie bestimmt findet.
Noch zwei Brieftaschen gefunden, und noch mal in der Lotterie gewonnen! Herz, was begehrst du mehr? Jetzt zu Donald und berichten! Er wird platzen vor Neid.
Oh, was ist das für ein seltsames Papier?

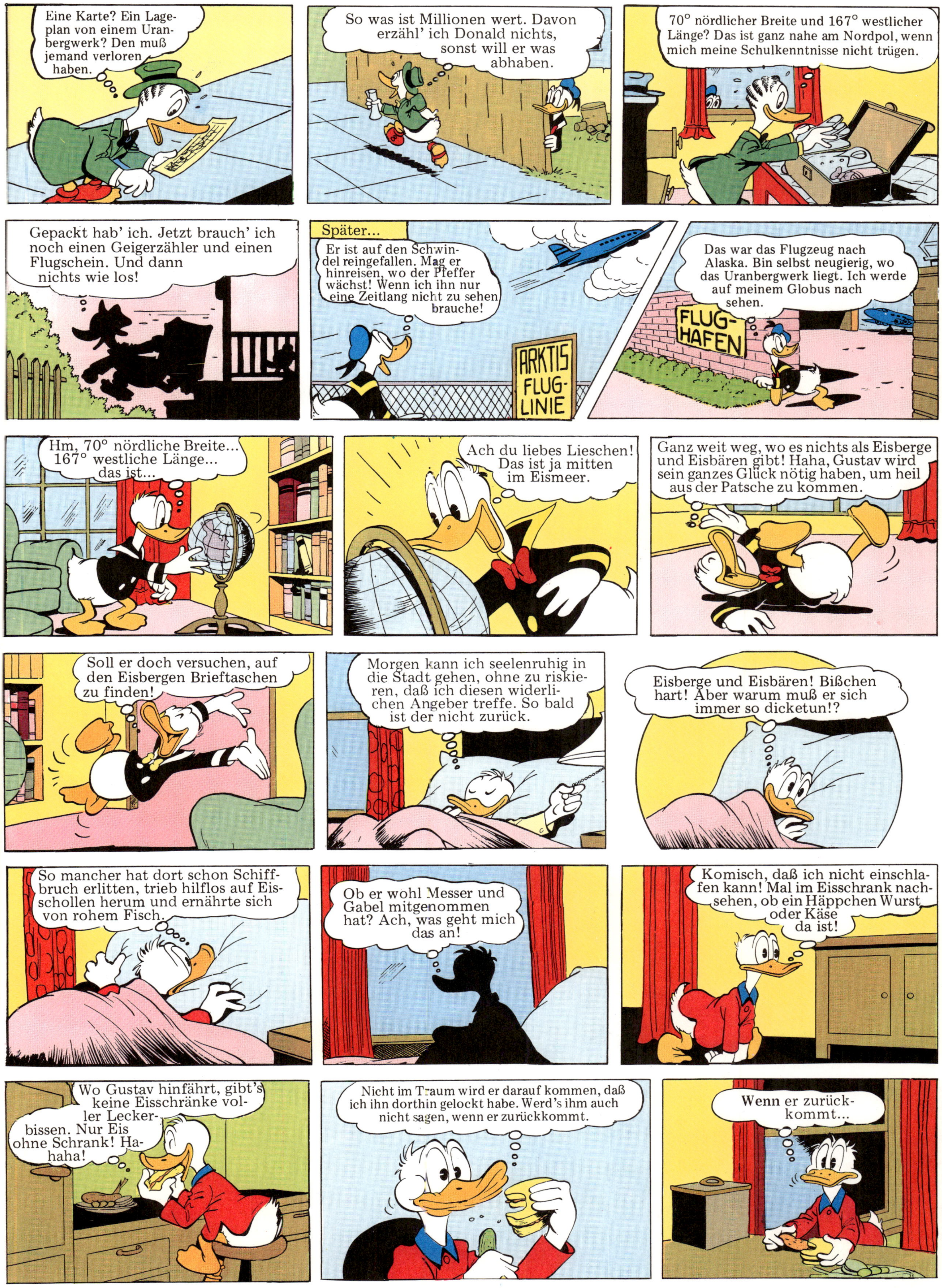
Eine Karte? Ein Lageplan von einem Uranbergwerk? Den muß jemand verloren haben.
So was ist Millionen wert. Davon erzähl' ich Donald nichts, sonst will er was abhaben.
70° nördlicher Breite und 167° westlicher Länge? Das ist ganz nahe am Nordpol, wenn mich meine Schulkenntnisse nicht trügen.
Gepackt hab' ich. Jetzt brauch' ich noch einen Geigerzähler und einen Flugschein. Und dann nichts wie los!
Später...
Er ist auf den Schwindel reingefallen. Mag er hinreisen, wo der Pfeffer wächst! Wenn ich ihn nur eine Zeitlang nicht zu sehen brauche!
ARKTIS FLUG-LINIE
Das war das Flugzeug nach Alaska. Bin selbst neugierig, wo das Uranbergwerk liegt. Ich werde auf meinem Globus nach sehen.
FLUG-HAFEN
Hm, 70° nördliche Breite... 167° westliche Länge... das ist...
Ach du liebes Lieschen! Das ist ja mitten im Eismeer.
Ganz weit weg, wo es nichts als Eisberge und Eisbären gibt! Haha, Gustav wird sein ganzes Glück nötig haben, um heil aus der Patsche zu kommen.
Soll er doch versuchen, auf den Eisbergen Brieftaschen zu finden!
Morgen kann ich seelenruhig in die Stadt gehen, ohne zu riskieren, daß ich diesen widerlichen Angeber treffe. So bald ist der nicht zurück.
Eisberge und Eisbären! Bißchen hart! Aber warum muß er sich immer so dicketun!?
So mancher hat dort schon Schiffbruch erlitten, trieb hilflos auf Eisschollen herum und ernährte sich von rohem Fisch.
Ob er wohl Messer und Gabel mitgenommen hat? Ach, was geht mich das an!
Komisch, daß ich nicht einschlafen kann! Mal im Eisschrank nachsehen, ob ein Häppchen Wurst oder Käse da ist!
Wo Gustav hinfährt, gibt's keine Eisschränke voller Leckerbissen. Nur Eis ohne Schrank! Hahaha!
Nicht im Traum wird er darauf kommen, daß ich ihn dorthin gelockt habe. Werd's ihm auch nicht sagen, wenn er zurückkommt.
Wenn er zurückkommt...

Eisberge und Eisbären! Ob Eisbären Menschen fressen?
Schrecklich! Schrecklich!
Aufgewacht, Kinder! Aber ein bißchen plötzlich! Wir fliegen mit dem nächsten Flugzeug nach Alaska.
Nach Alaska?
Was?
Warum?
Wir müssen Onkel Gustav einholen, bevor ihm etwas Schreckliches zustößt.
Später...
Daß ich die Karte gefälscht habe, kann ich ihm nicht beichten. Er würde es mir nie verzeihen.
Darum müssen wir heimlich seinen Spuren folgen und ihm die Karte entwenden, so daß er gezwungen ist, umzukehren.
Alaska... Endstation der Fluglinie...
Hier wird Gustav sicher die Ausrüstung für seinen Marsch nach Norden kaufen. Wir wollen uns vorsichtig in die Stadt schleichen.
Nirgends eine Spur von ihm!
Was ist das für ein Geschrei?
HOTEL
Sieh mal, Onkel Donald, da fährt ein Hundegespann den Berg rauf. Das könnte Onkel Gustav sein.
Ich frag' mal den Mann dort.
Ach, bitte, wer ist das da oben mit dem Hundegespann?
Seinen Namen weiß ich nicht, Fremdling. Aber ich hab' noch nie jemanden getroffen, der so viel Glück hat.
So? Dann ist es Gustav.
Er kommt mit dem Flugzeug ausgerechnet an dem Tag, an dem wir das einzige Hundegespann am Ort verlosen. Er kauft ein Los... er gewinnt.
Wir müssen ihm was sagen. Wo macht er Station?
Kann man nicht wissen! Wo er hinfährt, gibt's keine Siedlungen mehr.
Los, Kinder! Wir müssen uns warme Sachen kaufen, einen Schlitten und so weiter. Wir müssen Gustav einholen.

Später...
Los, marsch! Typisch, daß Gustav das einzige Hundegespann gewinnt!
Onkel Donald, so holen wir Onkel Gustav nie ein.
Hunde sind eben schneller als wir.
Unsinn!
Gustav ist stinkfaul. Früher oder später macht er eine Pause.
Der kurze arktische Tag weicht der langen eisigen Nacht...
Los, marsch!
Ach, jetzt Bratkartoffeln und Spiegelei!
Und ein...
...Bett!
Nur Mut! Die Eisspalten da unten werden Gustav aufhalten.
Uns aber auch!
Eben!
Auch noch ein Schneesturm!
Was heißt Schneesturm? Sag lieber Orkan!
Um so besser! Da muß Gustav halt machen. Los, marsch!
Seine Spuren sind verweht, Onkel Donald.
Los, marsch!
Dort unten am Felsen ist ein Licht.
Das ist Gustav. Er macht sicher Rast, bis der Sturm vorüber ist.
Eine gute Gelegenheit, ihm die Karte zu entwenden! Wartet hier auf mich! Ich schleiche mich hinüber.
Aha, er kriecht in seinen Schlafsack..
Besieht sich ein Stück Papier. Ob das wohl...?
Ja, das muß die Karte sein. Er versteckt sie unterm Kopfkissen.
Das Papierchen wirst du morgen vergeblich suchen, alter Freund!
Bald darauf schnarcht Gustav wie ein Walroß...
ZACK!
Ich hab' das Ding! Los, marsch!

Einige Stunden später...
Unsere Spuren findet er bei dem Sturm nicht. Wir sind sicher. Schlagt das Lager auf!
Am Morgen...
Ah, das Unwetter ist vorüber! Jetzt essen wir etwas getrocknetes Rentierfleisch, und dann geht's auf schnellstem Weg nach Haus,
Nicht mehr...
...los, marsch?
Nein! Und die Karte wird verbrannt, damit sie nicht noch mehr Unheil anrichtet.
Seht sie euch noch einmal an! Das war die Ursache für unsere Nordpolexpedition.
Das ist keine Landkarte, Onkel Donald.
Das ist eine Art...
...Sternenkarte.
Gustavs Horoskop! Saturn in Opposition zu Jupiter!
Aufgeladen! Angeschirrt! Wir müssen wieder hinter ihm her. Los, marsch!
RATSCH!
Eisspalten und Schneewehen!
Wie sollen wir seine...
...Spur wiederfinden?
Brauchen wir gar nicht! Wir müssen nur in Richtung auf 70° Nord und 167° West an die Küste kommen.
Nach mehreren Schneestürmen...
Die Küste!
Das Eismeer!
Endlich! (Seufz!)
Sieht wie ein größerer Sektkühler aus!
Mach keine Witze! Vielleicht müssen wir von hier ab schwimmen.
Was nun, Onkel Donald?
Wasser hat... ...keine Balken.
Tja, ich hab' gedacht, hier sei alles zugefroren.
Wir müssen an der Küste entlang bis zum nächsten Eskimodorf und dort ein Boot kaufen. Los, marsch!
Viele Meilen vor ihm nähert sich Gustav dem einzigen Eskimodorf weit und breit. Zum erstenmal in seinem Leben ist unser Glückspilz beunruhigt...
Ich werde verfolgt. Wer einmal versucht hat, meine Karte zu stehlen, wird es auch ein zweites Mal probieren.
Ich muß ein Boot mieten oder kaufen, um zu meinem Bergwerk zu kommen. Damit schüttle ich auch meinen Verfolger ab.
Salem aleikum, hoher Häuptling! Wie viele Boote nennt Ihr Euer eigen?
Zwei... nix Boote... Kajaks!
Ich tausche mein Hundegespann gegen ein Kajak. Abgemacht?
Nix gut! Kann Eskimo Wal nicht fangen mit Hund.
Ach so, ihr geht mit euren Booten auf den Walfang?
Ist richtig! Fangen Eskimo Walfisch mit Kajak. Nix verkaufen!

Da sitz' ich ja schön in der Tinte!
Wie war denn der Walfang in letzter Zeit, Häuptling? Gut?
Eskimo nix fangen Wal. Eskimo serr hungrig.
Ihr braucht eben einen Talisman, einen Glücksbringer.
Ganze Iglu voll Talisman! Nix gut! Fangen Walfisch mit Kajak.
Einbildung! Mit diesem Talisman könnt ihr den ganzen Strand voller Wale haben.
Du versuchen!
Uff, wenn ich je in meinem Leben Glück nötig gehabt hab', dann jetzt!
Also, paßt auf! Ich halte das Hufeisen hoch und schaue aufs Meer.
Dann sage ich: „Fischlein, Fischlein, timpeteh!"
Du kriegst die Motten! Es kommt wirklich einer.
RABUMM!
Später...
Einfach kolossal, wie das Glück mir hold ist! Ein eisernes Hufeisen gegen zwei Kajaks getauscht! Hier am Nordpol, wo es nur zwei Stück davon gibt!
Zwei Kajaks? Was hat Gustav mit dem zweiten gemacht?
Fischlein, Fischlein, timpeteh!
Wal nix kommen! Karacho! Karutzi!
Während die Eskimos außer sich vor Wut auf Rache sinnen, erscheint die todmüde Familie Duck auf der Bildfläche...
Glück und Frieden, werte Nordmänner! Erfreut, euch kennenzulernen!
Wieder Gelbschnäbel! Gleich vier! Was wollen meine Brüder, daß ich mit ihnen mache?
Ersäufen!

Unser Begehr, liebe Nordmänner, ist, ein Boot zu kaufen.
Boot?
Serr komisch!
Jawohl, Eskimo hat Kajak-Boot, gutes Boot, serr teuer.
Ich zahle jeden Preis.
Kostet soviel wie ganzer Walfisch! 100 Taler!
Oha!
Na gut... wer die Ware hat, macht den Preis. Wo ist das Goldbootchen?
Am Strand!
Gaunerbande!
Es gibt nur einen Ausweg. Familie Duck findet ihn...
Einen ganzen Tag haben wir damit verloren, die Trauerweide zu flicken! Inzwischen kann Gustav längst von einem Eisbären verspeist worden sein.
Geschieht ihm recht, ein bißchen gefressen zu werden! Warum hat er die lieben Eskimos gegen uns aufgehetzt?
Los, ins Wasser, bevor die Kerle sich das Boot wieder holen!
Der Kurs geht mitten durch das schlimmste Treibeis.
Unser Pech!
KNIRSCH!
RUMMS!
Wir haben's grad nötig, Gustav zu retten! Und wer rettet uns?
Das Eismeer wimmelt von Gefahren. Aber Kühnheit und Zähigkeit besiegen alles. Und so kommt endlich der Augenblick, wo...
70° Nord, 167° West! Wir müssen da sein.
Ihr braucht mich nicht noch an meine Verantwortung zu erinnern. Auf mir lastet schon genug.
Hier also! Die Stelle ist genau dort, wo der große Eisberg schwimmt.

Wenn Onkel Gustav überhaupt bis hierher gekommen ist, muß er auf dem Eisberg sein.
Stimmt!
Jetzt hab' ich schon dreimal das ganze Eisgebirge mit meinem Geigerzähler durchstreift, aber nirgends eine Spur von Uran!
Die Karte ist falsch! Man hat mich betrogen.
Du sagst es, Vetter Gustav!
Ich hab' die Karte selbst gezeichnet, und weil du Idiot darauf reingefallen bist, haben wir dir folgen müssen.
Du hast die Karte gezeichnet?
Jawohl! Du bist eben auf einen ganz billigen Schwindel reingefallen. Jetzt komm mit nach Haus, ehe noch mehr passiert!
Ich zerreiß' dich in der Luft, du Lump, du hinterlistiger!
ZACK!
BUMM!
PLATSCH!
Vorsicht!
Unsere Boote!
Mein Kajak ist leckgeschlagen. Es sinkt.
Geschieht dir recht, du Raufbold!
GLUCKS!
Was machen wir jetzt? Unser notdürftig geflicktes Boot hält fünf Mann nicht aus.
Sehr einfach! Einer von uns bleibt hier.
Du zum Beispiel! Weil du zu raufen angefangen hast!
Nein, wir wollen knobeln. Kopf oder Schrift! Kopf bin ich.
Gut, ich bin kein Spielverderber.
Kopf! Ich hab' gewonnen. Wie immer!
Auf Wiedersehen, verehrter Vetter! Glückspilz bleibt Glückspilz!
Nimm wenigstens die Kinder mit, Gustav!
Klar! Los, steigt ein!
Kommt nicht in Frage!
Wir bleiben bei unserm...
...Onkel Donald.

Ins Boot mit euch, ihr dummen Hühner!
Fang uns...
...wenn du kannst!
Ich mische mich grundsätzlich nicht in Familienstreitigkeiten! Lebt wohl! Ich schicke Hilfe, wenn ich durchkomme.
Wenigstens hat uns Gustav Schlafsäcke und Vitaminpillen hiergelassen.
Und Angelzeug! Wir können uns Fische angeln.
Brr!
Als Gustav um den Eisberg herumpaddelt, sieht er etwas Merkwürdiges...
Ein Schiff? Jawohl, ein altes eingefrorenes Wikingerschiff!
Und was da glitzert, ist pures Gold. Die Reise hat sich doch gelohnt. Ich hab's ja gewußt.
Jetzt so schnell wie möglich zum Festland!
Die Tage schleichen dahin. Sehr, sehr langsam für die hungrigen, frierenden, unglücklichen Ducks...
Gibt's heut schon wieder Fisch zum Mittag?
Was sonst? Oder hättest du lieber Erdbeeren mit Schlagsahne?
Der Wind treibt den Eisberg immer weiter nach Süden. Eine neue Gefahr droht. Der Berg fängt an zu schmelzen...
Und mit jedem Tag, den die Ducks auf ihrem schwimmenden Eisfloß verbringen, wird die Lage bedrohlicher. Die Natur ist unerbittlich...
Schon wieder ein Stück abgebrochen! Wenn Gustav wirklich zurückkommt, erkennt er den Eisberg nicht mehr.
Und eines Morgens...
Heftiger Kanonendonner am Horizont!
BUMM!
WUMM!
BUMM!
Ein Kriegsschiff benutzt unsern Berg als Übungsziel.
WUMM!
Zurück, Kinder, zurück! Der Berg bricht auseinander.
Ich habe keinen Halt mehr. Es ist spiegelglatt und wackelt auch so schrecklich.
Leb wohl,
Onkel
Donald!
PATSCH!

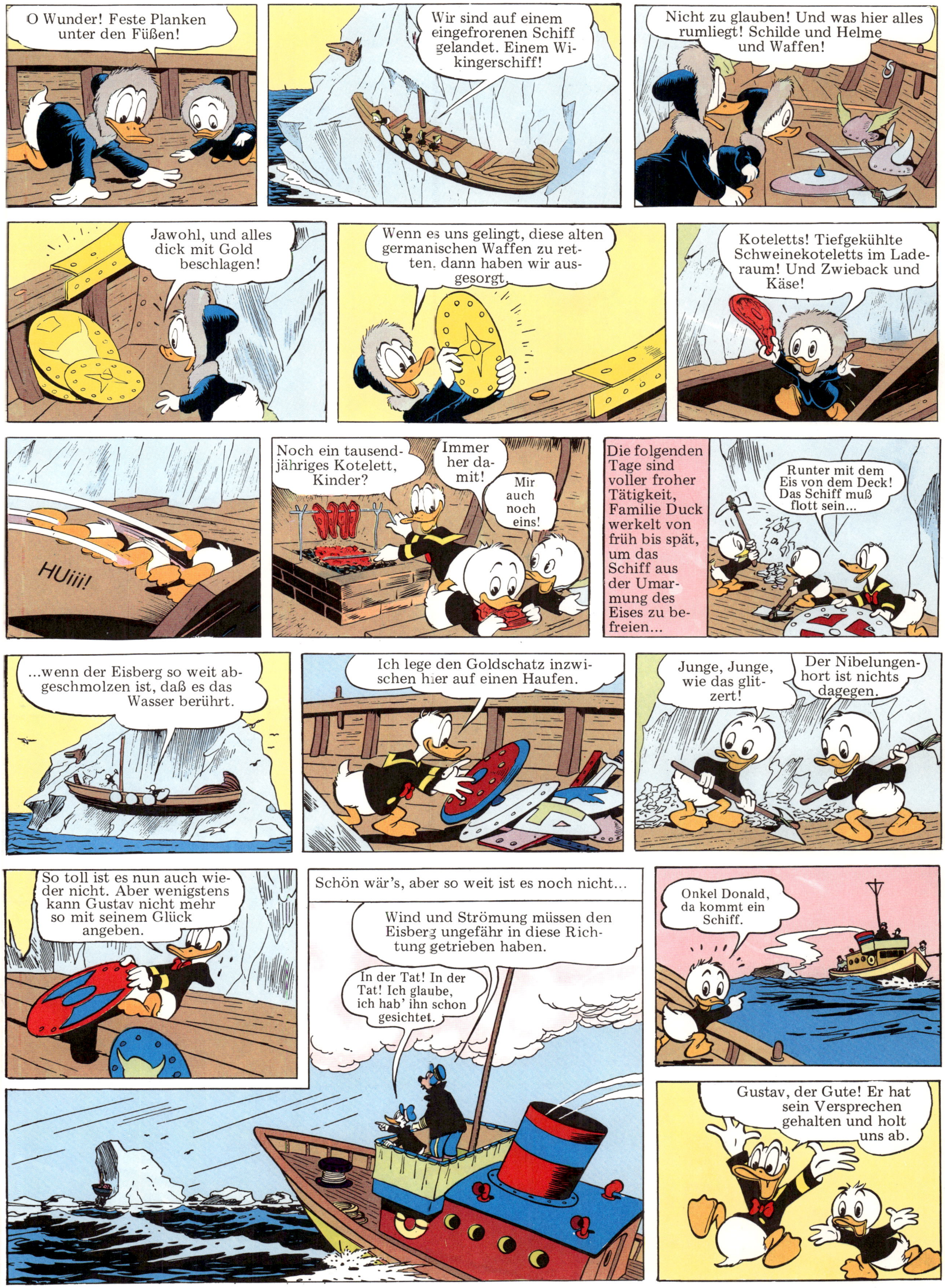

O Wunder! Feste Planken unter den Füßen!
Wir sind auf einem eingefrorenen Schiff gelandet. Einem Wikingerschiff!
Nicht zu glauben! Und was hier alles rumliegt! Schilde und Helme und Waffen!
Jawohl, und alles dick mit Gold beschlagen!
Wenn es uns gelingt, diese alten germanischen Waffen zu retten, dann haben wir ausgesorgt.
Koteletts! Tiefgekühlte Schweinekoteletts im Laderaum! Und Zwieback und Käse!
HUiii!
Noch ein tausendjähriges Kotelett, Kinder?
Immer her damit!
Mir auch noch eins!
Die folgenden Tage sind voller froher Tätigkeit, Familie Duck werkelt von früh bis spät, um das Schiff aus der Umarmung des Eises zu befreien...
Runter mit dem Eis von dem Deck! Das Schiff muß flott sein...
...wenn der Eisberg so weit abgeschmolzen ist, daß es das Wasser berührt.
Ich lege den Goldschatz inzwischen hier auf einen Haufen.
Junge, Junge, wie das glitzert!
Der Nibelungenhort ist nichts dagegen.
So toll ist es nun auch wieder nicht. Aber wenigstens kann Gustav nicht mehr so mit seinem Glück angeben.
Schön wär's, aber so weit ist es noch nicht...
Wind und Strömung müssen den Eisberg ungefähr in diese Richtung getrieben haben.
In der Tat! In der Tat! Ich glaube, ich hab' ihn schon gesichtet.
Onkel Donald, da kommt ein Schiff.
Gustav, der Gute! Er hat sein Versprechen gehalten und holt uns ab.

Gratuliere euch zu eurer Rettung! Ich sehe, ihr habt inzwischen geholfen, meinen Schatz zu bergen.
Sehr tüchtig von euch! Da liegt er ja schon säuberlich auf einem Haufen.
Los, Leute, schafft das Zeug an Bord!
Was meinst du mit „Zeug"? Das Schiff haben die Kinder und ich gefunden.
So viel Glück solltest du haben? Daß ich nicht lache! Hier, meine Papiere!
Was scheren mich deine Papiere! Den Goldschatz kannst du den Kindern und mir nicht nehmen.
Gemäß § 32, römisch zwei des Seenotgesetzes bin ich Eigentümer des Schiffes und seiner gesamten Ladung.
Geh mir aus dem Weg, oder ich befehle meinen Leuten, dich über Bord zu werfen!
Ach, ich bin und bleibe ein Unglücksrabe! Warum? Warum?
Warum? Weil du eine Karte gefälscht hast!
So, Leute, die Wertsachen sind sichergestellt. Alle Mann an Bord und Volldampf voraus!
Und das Wikingerschiff? Nimmst du es nicht in Schlepptau?
Den altmodischen, verfaulten Kahn? Nein, danke!
Den lassen wir absaufen. Kommt, springt auf mein Schiff, wenn ihr gerettet werden wollt!
Nein! Niemals! Lieber bleiben wir für immer am Nordpol, als dauernd deine Angeberei mit anzuhören.
Ob das nicht doch sehr töricht von uns war?
Denk nicht darüber nach, Onkel Donald!
Einige Tage später...
Der Berg ist schon wieder kleiner geworden. Noch einen Meter, und das Schiff ist flott!
Los, Kinder, schlagt das Schiff frei! Wir stechen in See.
KRACKS!
SCHLÜRF!

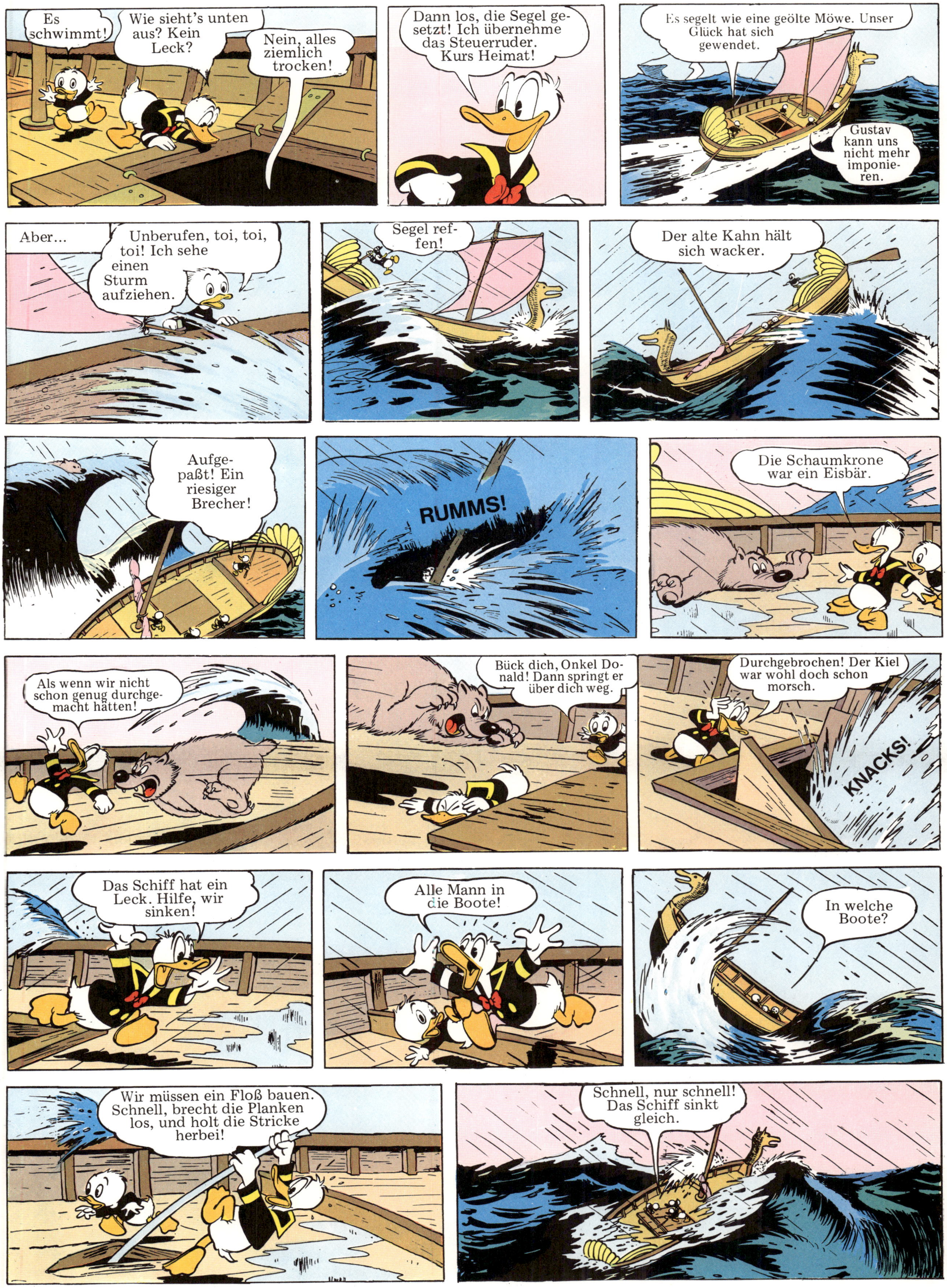
Es schwimmt!
Wie sieht's unten aus? Kein Leck?
Nein, alles ziemlich trocken!
Dann los, die Segel gesetzt! Ich übernehme das Steuerruder. Kurs Heimat!
Es segelt wie eine geölte Möwe. Unser Glück hat sich gewendet.
Gustav kann uns nicht mehr imponieren.
Aber...
Unberufen, toi, toi, toi! Ich sehe einen Sturm aufziehen.
Segel reffen!
Der alte Kahn hält sich wacker.
Aufgepaßt! Ein riesiger Brecher!
RUMMS!
Die Schaumkrone war ein Eisbär.
Als wenn wir nicht schon genug durchgemacht hätten!
Bück dich, Onkel Donald! Dann springt er über dich weg.
Durchgebrochen! Der Kiel war wohl doch schon morsch.
KNACKS!
Das Schiff hat ein Leck. Hilfe, wir sinken!
Alle Mann in die Boote!
In welche Boote?
Wir müssen ein Floß bauen. Schnell, brecht die Planken los, und holt die Stricke herbei!
Schnell, nur schnell! Das Schiff sinkt gleich.

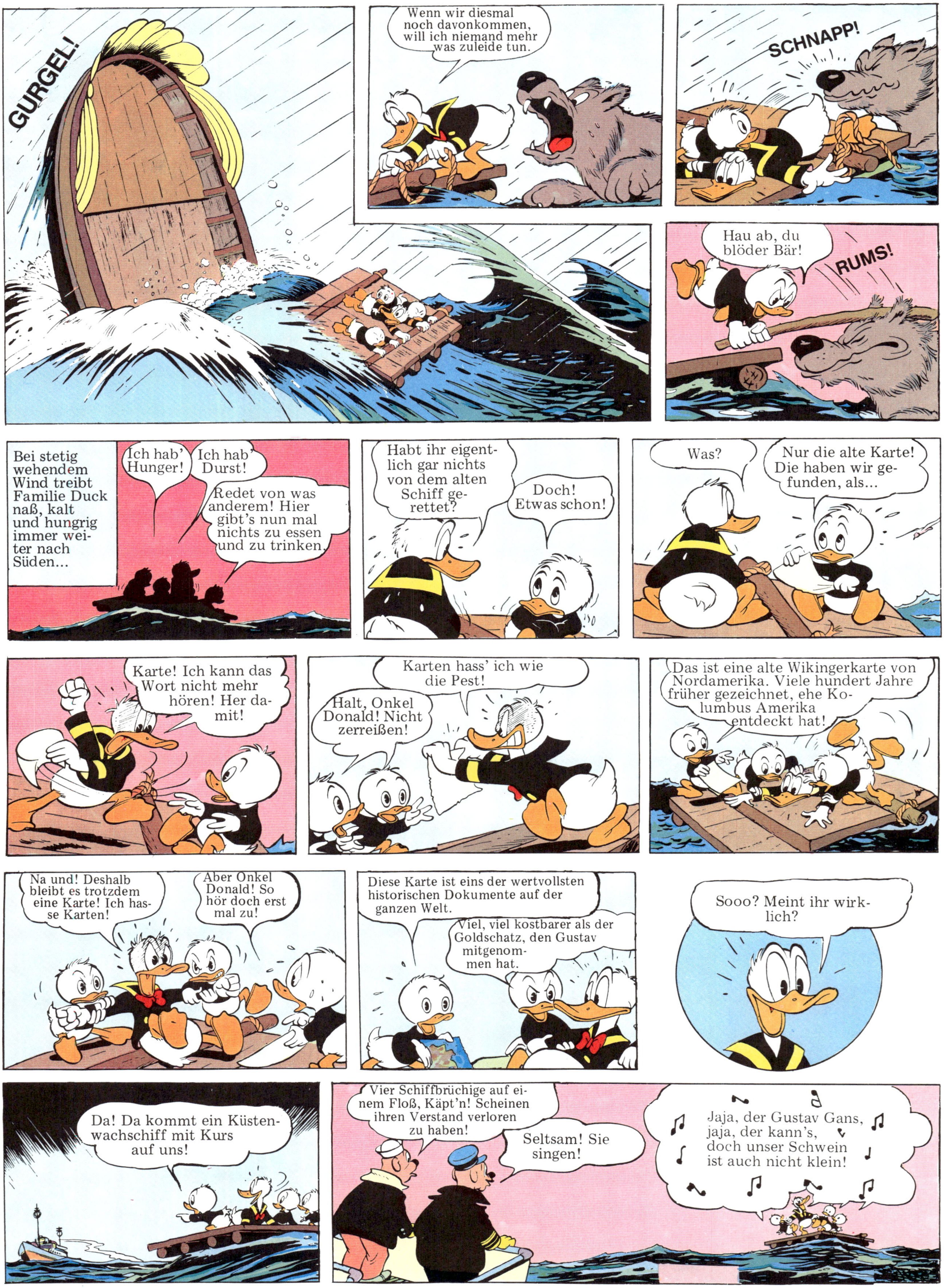
GURGEL!
Wenn wir diesmal noch davonkommen, will ich niemand mehr was zuleide tun.
SCHNAPP!
Hau ab, du blöder Bär!
RUMS!
Bei stetig wehendem Wind treibt Familie Duck naß, kalt und hungrig immer weiter nach Süden...
Ich hab' Hunger!
Ich hab' Durst!
Redet von was anderem! Hier gibt's nun mal nichts zu essen und zu trinken.
Habt ihr eigentlich gar nichts von dem alten Schiff gerettet?
Doch! Etwas schon!
Was?
Nur die alte Karte! Die haben wir gefunden, als...
Karte! Ich kann das Wort nicht mehr hören! Her damit!
Karten hass' ich wie die Pest!
Halt, Onkel Donald! Nicht zerreißen!
Das ist eine alte Wikingerkarte von Nordamerika. Viele hundert Jahre früher gezeichnet, ehe Kolumbus Amerika entdeckt hat!
Na und! Deshalb bleibt es trotzdem eine Karte! Ich hasse Karten!
Aber Onkel Donald! So hör doch erst mal zu!
Diese Karte ist eins der wertvollsten historischen Dokumente auf der ganzen Welt.
Viel, viel kostbarer als der Goldschatz, den Gustav mitgenommen hat.
Sooo? Meint ihr wirklich?
Da! Da kommt ein Küstenwachschiff mit Kurs auf uns!
Vier Schiffbrüchige auf einem Floß, Käpt'n! Scheinen ihren Verstand verloren zu haben!
Seltsam! Sie singen!
Jaja, der Gustav Gans, jaja, der kann's, doch unser Schwein ist auch nicht klein!

Die Jagd auf das Einhorn

Die Jagd auf das Einhorn

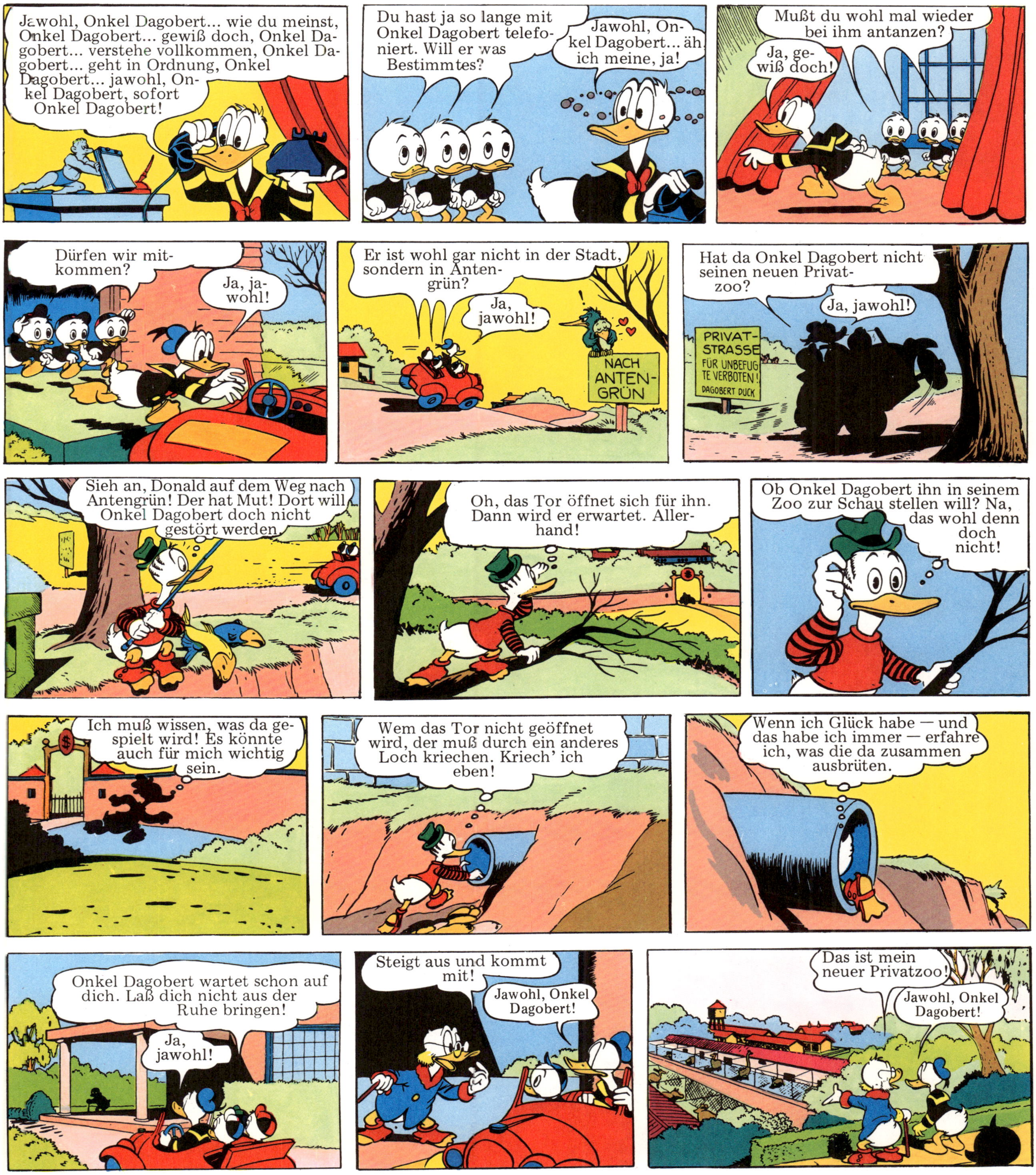

Ist dir klar, daß es der größte Privatzoo der Welt ist?
Jawohl, Onkel Dagobert!
Dann nimmst du doch sicher an, daß hier alles vorhanden ist, was auf Erden kreucht und fleucht?
Jawohl, Onkel Dagobert!
Ist es aber nicht! Ein Tier fehlt. Darum hab' ich dich kommen lassen.
Du darfst unsern Onkel Donald nicht ausstellen!
Der ist kein Wundertier!
Mäßigt euch! Eine derartige Behandlung naher Verwandter liegt mir fern.
Dann ist es ja gut!
Ob man den Gulldekkel aufheben kann? Nein, kann man nicht!
Der ist auch fest verankert!
Aber der dritte ist lose. Na also! Mein Glück bleibt mir in allen Lebenslagen treu.
Wozu ich dich brauche, mein Junge: du sollst mir das noch fehlende Tier beschaffen!
Jawohl, Onkel Dagobert!
Die Vervollständigung meines Zoos lasse ich mich was kosten.
Jawohl, Onkel Dagobert!
Wie du siehst, habe ich schon ein Gehege vorbereitet.
Jawohl, Onkel Dagobert!
Ich würde für das Tier bis zu 10.000 Taler zahlen. Für dich 100 Taler Tagesgeld und alle Reisespesen. Einverstanden?
Mit tausend Freuden, Onkel Dagobert!
Du versprichst es, Donald? Ehrenwort?
Jawohl, Onkel Dagobert!
Also gut! Hier ist ein Abbild des gewünschten Tieres. Es handelt sich um ein Einhorn.
Nein, Onkel Dagobert!
Was heißt nein? Grad erst habt ihr ja gesagt! Mit tausend Freuden, habt ihr gesagt!
Aber ein Einhorn ist doch ein Fabeltier. Das gibt's nicht.
Das kommt nur in Märchen vor wie Riesen und Zwerge und Feen und so was alles, wenn du weißt, w... was ich m... meine.

Du stotterst! Schlechte Angewohnheit! Im übrigen ist dies ein Foto!
Einer meiner Piloten hat es bei einem Flug über das Himalayagebirge geknipst. Das Einhorn existiert also.
KLICK!
KLICK!
Ein Einhorn im Himalaya jagen! Warum kommen immer auf mich Dinge zu, die auf andere nicht zukommen?
Was heißt auf dich zukommen? Alberne Redensart! Nichts kommt auf dich zu, sondern du fliegst ab, und zwar nach Indien!
Ogottogott!
Hör mit dem Jammern auf! Schließlich ist das ein sehr gutes Geschäft für jemanden, der ein Niemand ist!
Ich könnte mir denken, auch für mich ist es ein gutes Geschäft, und ich bin kein Niemand, sondern ein Jemand.
Man fliegt...
Nach Indien fliegen, den Himalaya durchstreifen und Einhörner jagen! Wie bin ich da nur reingeschlittert?
Geben muß es sie. Auf jeden Fall eins! Das beweist das Foto.
Ach, wenn ich's doch nur schon hinter mir hätte! Mir ist gar nicht wohl bei der Sache!
Trödle nicht so, Donald! Ich kontrolliere laufend deine Fluggeschwindigkeit durch Radar. Bißchen mehr Tempo!
Jawohl, Onkel Dagobert!
Länder und Meere aller Zonen ziehen unter der dröhnenden Maschine dahin...
Wenn ich noch schneller fliege, überrunde ich mich noch selbst.
Aha, Shangri-la! Wo ich landen soll!
So setze ich denn meinen Fuß auf den indischen Subkontinent, was immer das ist!
Hallo, Onkel Donald!
Tick, Trick und Track! Wie kommt ihr hierher?
Ich hätte mir gleich denken können, daß ihr mir nachfliegt! Aber wieso seid ihr vor mir da?
Sind wir gar nicht!
Wir sind einfach mitgeflogen!
Als blinde Passagiere!
Ich kann mich nicht mit euch befassen. Ich muß in den Himalaya und Einhörner jagen. Ich werd' euch in einem Lhamakloster unterbringen, oder was es hierzulande so gibt.

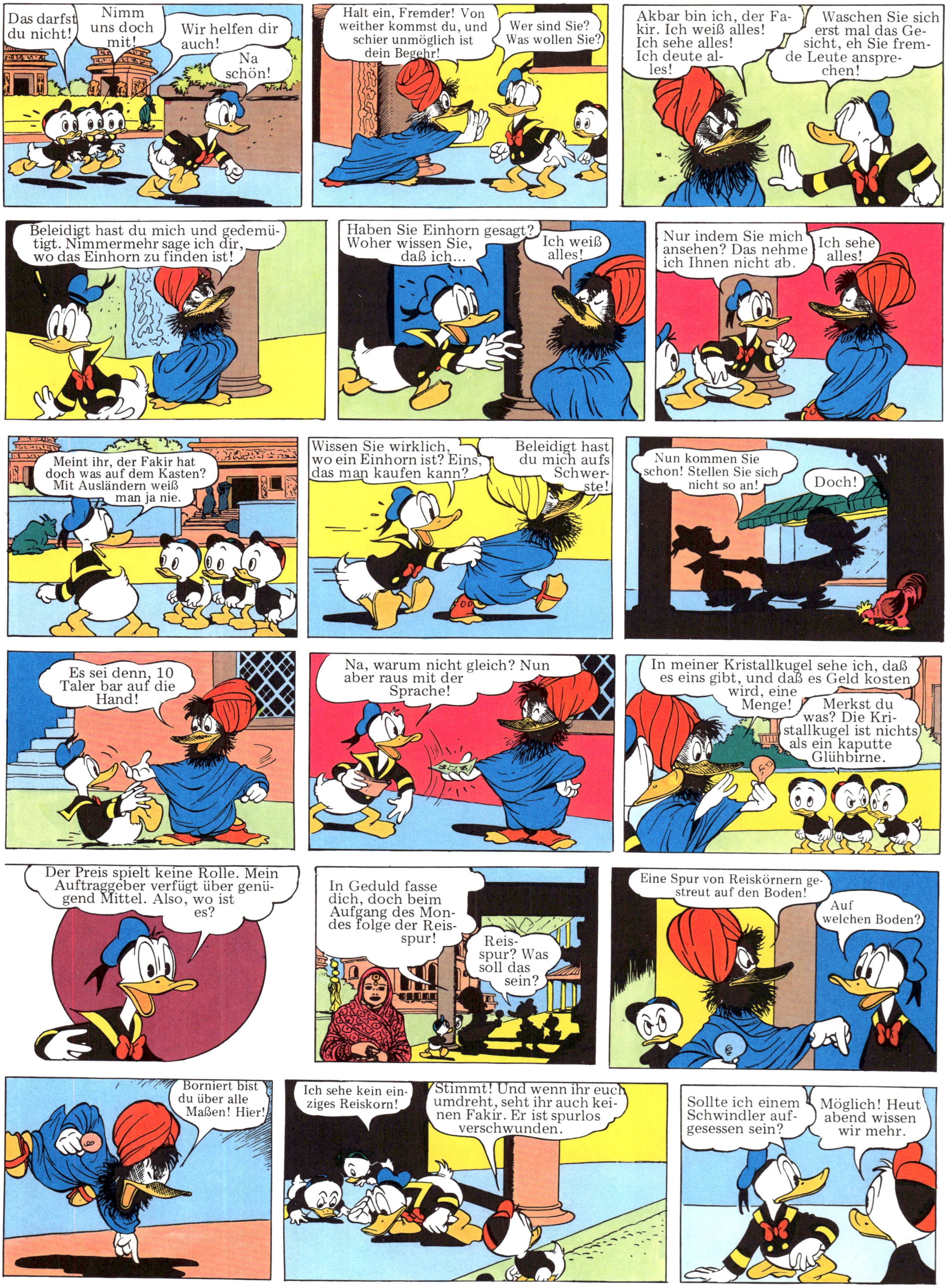

Das darfst du nicht!
Nimm uns doch mit!
Wir helfen dir auch!
Na schön!
Halt ein, Fremder! Von weither kommst du, und schier unmöglich ist dein Begehr!
Wer sind Sie? Was wollen Sie?
Akbar bin ich, der Fakir. Ich weiß alles! Ich sehe alles! Ich deute alles!
Waschen Sie sich erst mal das Gesicht, eh Sie fremde Leute ansprechen!
Beleidigt hast du mich und gedemütigt. Nimmermehr sage ich dir, wo das Einhorn zu finden ist!
Haben Sie Einhorn gesagt? Woher wissen Sie, daß ich...
Ich weiß alles!
Nur indem Sie mich ansehen? Das nehme ich Ihnen nicht ab.
Ich sehe alles!
Meint ihr, der Fakir hat doch was auf dem Kasten? Mit Ausländern weiß man ja nie.
Wissen Sie wirklich, wo ein Einhorn ist? Eins, das man kaufen kann?
Beleidigt hast du mich aufs Schwerste!
Nun kommen Sie schon! Stellen Sie sich nicht so an!
Doch!
Es sei denn, 10 Taler bar auf die Hand!
Na, warum nicht gleich? Nun aber raus mit der Sprache!
In meiner Kristallkugel sehe ich, daß es eins gibt, und daß es Geld kosten wird, eine Menge!
Merkst du was? Die Kristallkugel ist nichts als ein kaputte Glühbirne.
Der Preis spielt keine Rolle. Mein Auftraggeber verfügt über genügend Mittel. Also, wo ist es?
In Geduld fasse dich, doch beim Aufgang des Mondes folge der Reisspur!
Reisspur? Was soll das sein?
Eine Spur von Reiskörnern gestreut auf den Boden!
Auf welchen Boden?
Borniert bist du über alle Maßen! Hier!
Ich sehe kein einziges Reiskorn!
Stimmt! Und wenn ihr euch umdreht, seht ihr auch keinen Fakir. Er ist spurlos verschwunden.
Sollte ich einem Schwindler aufgesessen sein?
Möglich! Heut abend wissen wir mehr.

Wir? Ich! Ihr kommt nicht mit! Ich sperr' euch irgendwo ein.
So siehst du aus! Wenn du dich umdrehst, sind auch wir spurlos verschwunden.
Diese drei Knaben sind die schlimmste Plage seit Erfindung der Masern!
Aber sollen sie selbst sehen, wo sie bleiben! Ich habe was anderes zu suchen als drei widerborstige Kinder!
Man rüstet sich...
Gleich muß der Mond aufgehen. Da werd' ich eben nachsehen, ob an dem Gag mit der Reisspur was dran ist.
Ich nehme an, daß sie mich zu dem Ort führen soll, wo man Einhörner kaufen kann.
Hier war es, wo ich den Fakir getroffen habe.
Tatsächlich eine Reisspur. Also doch ein braver Fakir!
Die Spur führt aus der Stadt hinaus.
Hm, ein halbverfallenes Bauwerk! Wohl ein Tempel! Bißchen unheimlich!
In dem alten Gemäuer könnte eine Räuberbande auf der Lauer liegen. Ob ich nicht doch zu viel riskiere?
Aha! Ende der Reisspur und vielleicht auch mein eigenes!
Hallo! Hallo! Jemand zu Hause?
Wieher!
Da ist ein Pferd drin, oder ein Einhorn, falls Einhörner wiehern. Wer weiß das schon!
Ich hab' gesagt, ist jemand zu Haus?
Schrei nicht so, Fremder! Was willst du?
Ich... ich... gibt's hier Einhörner zu kaufen?
Einhörner sagst du? Eins gäbe es.
Es ist das letzte seiner Art und daher nicht billig. Wenn du genügend Geld im Beutel hast, dann folge mir!

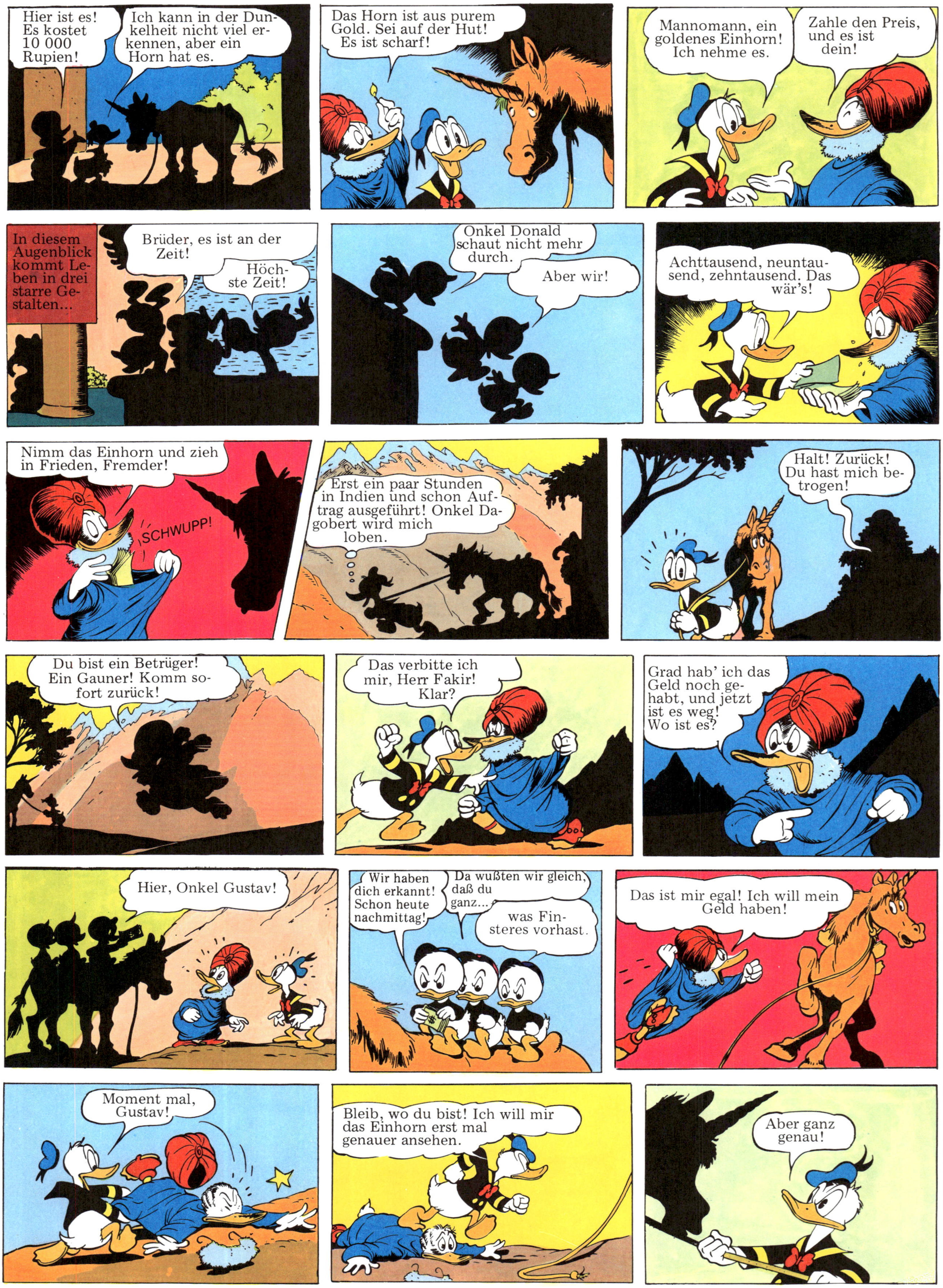
Hier ist es! Es kostet 10 000 Rupien!
Ich kann in der Dunkelheit nicht viel erkennen, aber ein Horn hat es.
Das Horn ist aus purem Gold. Sei auf der Hut! Es ist scharf!
Mannomann, ein goldenes Einhorn! Ich nehme es.
Zahle den Preis, und es ist dein!
In diesem Augenblick kommt Leben in drei starre Gestalten…
Brüder, es ist an der Zeit!
Höchste Zeit!
Onkel Donald schaut nicht mehr durch.
Aber wir!
Achttausend, neuntausend, zehntausend. Das wär's!
Nimm das Einhorn und zieh in Frieden, Fremder!
SCHWUPP!
Erst ein paar Stunden in Indien und schon Auftrag ausgeführt! Onkel Dagobert wird mich loben.
Halt! Zurück! Du hast mich betrogen!
Du bist ein Betrüger! Ein Gauner! Komm sofort zurück!
Das verbitte ich mir, Herr Fakir! Klar?
Grad hab' ich das Geld noch gehabt, und jetzt ist es weg! Wo ist es?
Hier, Onkel Gustav!
Wir haben dich erkannt! Schon heute nachmittag!
Da wußten wir gleich, daß du ganz…
was Finsteres vorhast.
Das ist mir egal! Ich will mein Geld haben!
Moment mal, Gustav!
Bleib, wo du bist! Ich will mir das Einhorn erst mal genauer ansehen.
Aber ganz genau!

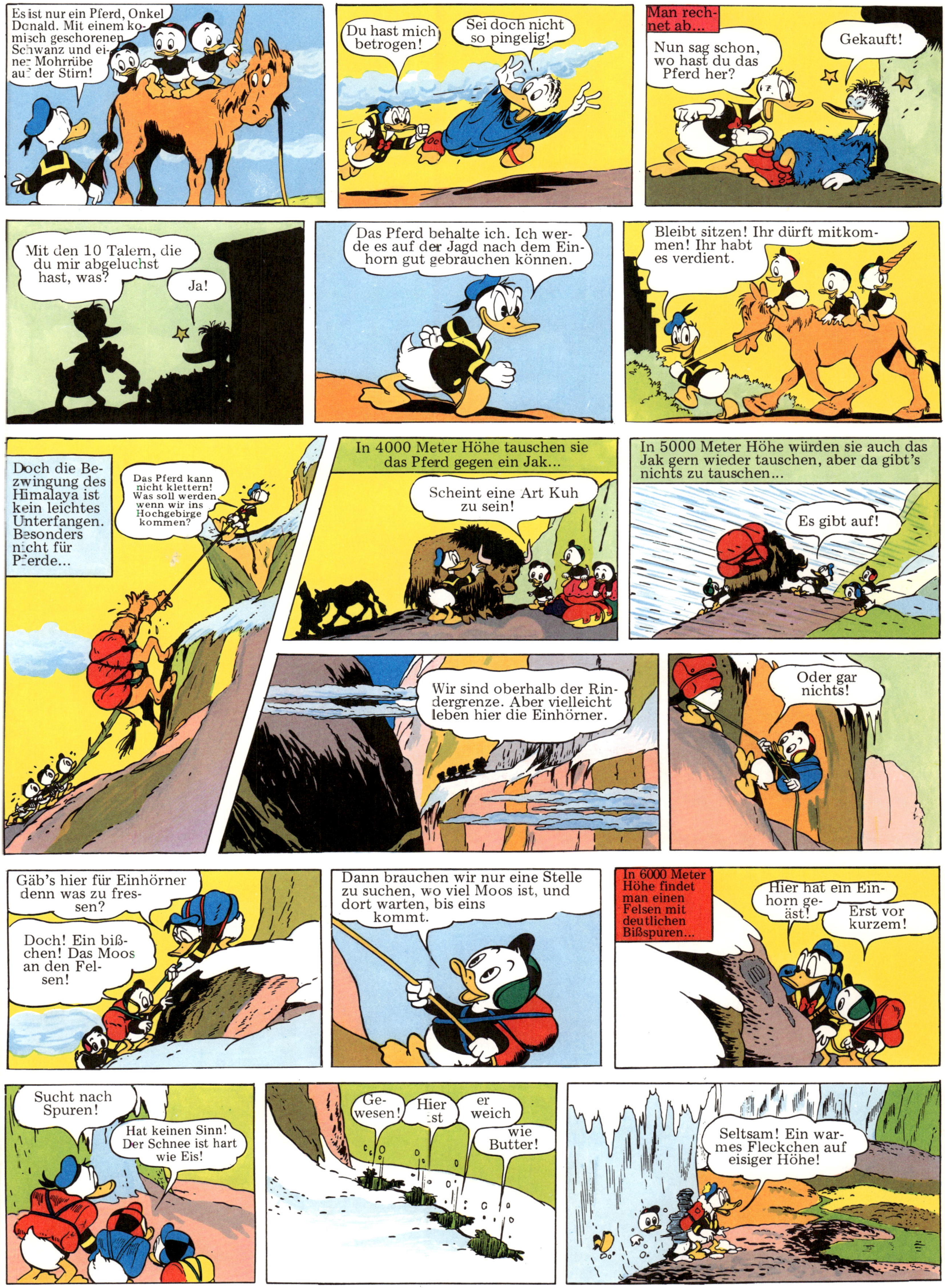

Es ist nur ein Pferd, Onkel Donald. Mit einem komisch geschorenen Schwanz und einer Mohrrübe auf der Stirn!
Du hast mich betrogen!
Sei doch nicht so pingelig!
Man rechnet ab...
Nun sag schon, wo hast du das Pferd her?
Gekauft!
Mit den 10 Talern, die du mir abgeluchst hast, was?
Ja!
Das Pferd behalte ich. Ich werde es auf der Jagd nach dem Einhorn gut gebrauchen können.
Bleibt sitzen! Ihr dürft mitkommen! Ihr habt es verdient.
Doch die Bezwingung des Himalaya ist kein leichtes Unterfangen. Besonders nicht für Pferde...
Das Pferd kann nicht klettern! Was soll werden, wenn wir ins Hochgebirge kommen?
In 4000 Meter Höhe tauschen sie das Pferd gegen ein Jak...
Scheint eine Art Kuh zu sein!
In 5000 Meter Höhe würden sie auch das Jak gern wieder tauschen, aber da gibt's nichts zu tauschen...
Es gibt auf!
Wir sind oberhalb der Rindergrenze. Aber vielleicht leben hier die Einhörner.
Oder gar nichts!
Gäb's hier für Einhörner denn was zu fressen?
Doch! Ein bißchen! Das Moos an den Felsen!
Dann brauchen wir nur eine Stelle zu suchen, wo viel Moos ist, und dort warten, bis eins kommt.
In 6000 Meter Höhe findet man einen Felsen mit deutlichen Bißspuren...
Hier hat ein Einhorn geäst!
Erst vor kurzem!
Sucht nach Spuren!
Hat keinen Sinn! Der Schnee ist hart wie Eis!
Gewesen!
Hier ist
er weich
wie Butter!
Seltsam! Ein warmes Fleckchen auf eisiger Höhe!

Ich glaube, es ist die Stelle, wo der Pilot das Einhorn geknipst hat!
Dann sind wir hier richtig! Auch bemooste Steine gibt's hier jede Menge!
Eini! Eini! Ko-homm!
Ruhe! Du verscheuchst es nur!
Einhörner sind bestimmt sehr scheu!
SCHNAUB!
Vorsicht!
BREMS!
Kreisch!
Hilfe!
Das rabiate Tier spaltet glatt einen Felsen!
So was von uriger Kraft!
Tu mir nichts! Bitte, bitte!
M... magst du was zu fressen?
BREMS!
Ist ja irre!
Schnell, Onkel Donald, bind ihm die Augen zu, eh es wieder wild wird.
Scheint ihm nicht zu gefallen!

Mit verbundenen Augen wird auch ein Einhorn lammfromm. Willig läßt es sich zu Tal führen...
Auf nach Entenhausen!
Ich weiß nicht, aber irgendwie war die Jagd auf das Einhorn zu einfach. Es ist unnatürlich, daß bei mir alles so glatt geht.
In 5000 Meter Höhe macht man Halt. Tick muß eine Rast einlegen...
Du bist ja völlig erschöpft! Wieso?
Ach, es ist nur, weil ich einen Stein mitschleppe.
Er hat mir das Leben gerettet. Darum wollt' ich ihn zum Andenken mitnehmen.
In 4000 Meter Höhe wird wieder gerastet. Diesmal braucht das Einhorn eine Pause...
Ich geb' ihm etwas Moos zu knabbern.
KNABBER!
WIEHER!
Man hat's geschafft!
Endlich wieder Bäume!
Und grünes Gras!
Wie schön! Wie schön!
Nimm Eini die Augenbinde ab, damit es fressen kann!
Und wenn's wieder um sich schlägt?
Ich hab's ja am Baum festgebunden!
Schau, Eini! Das ist ein gutes Freßchen für dich!
Halt es fest, Onkel Donald!
RATSCH!
Ich glaub', es mag kein Gras.
Während dieser Abenteuer in den eisigen Höhen des Himalaya lebt Gustav von seinem Glück, und er lebt davon nicht schlecht...
Wohin ich auch gehe, überall finde ich was: Rubine, Saphire und ähnliches, was sich gut verkaufen läßt.
Nur bei der Sache mit Donald hab' ich Pech gehabt. Aber Handelsgeschäfte sind eben Arbeit, und Arbeit liegt mir nicht.
Das war einfach ein Fehlgriff. Das beste ist allemal, ich verlass' mich auf mein Glück.
Allerdings, die 10 000 Eier, die Onkel Dagobert für ein Einhorn zahlen will, hätt' ich schon gern.

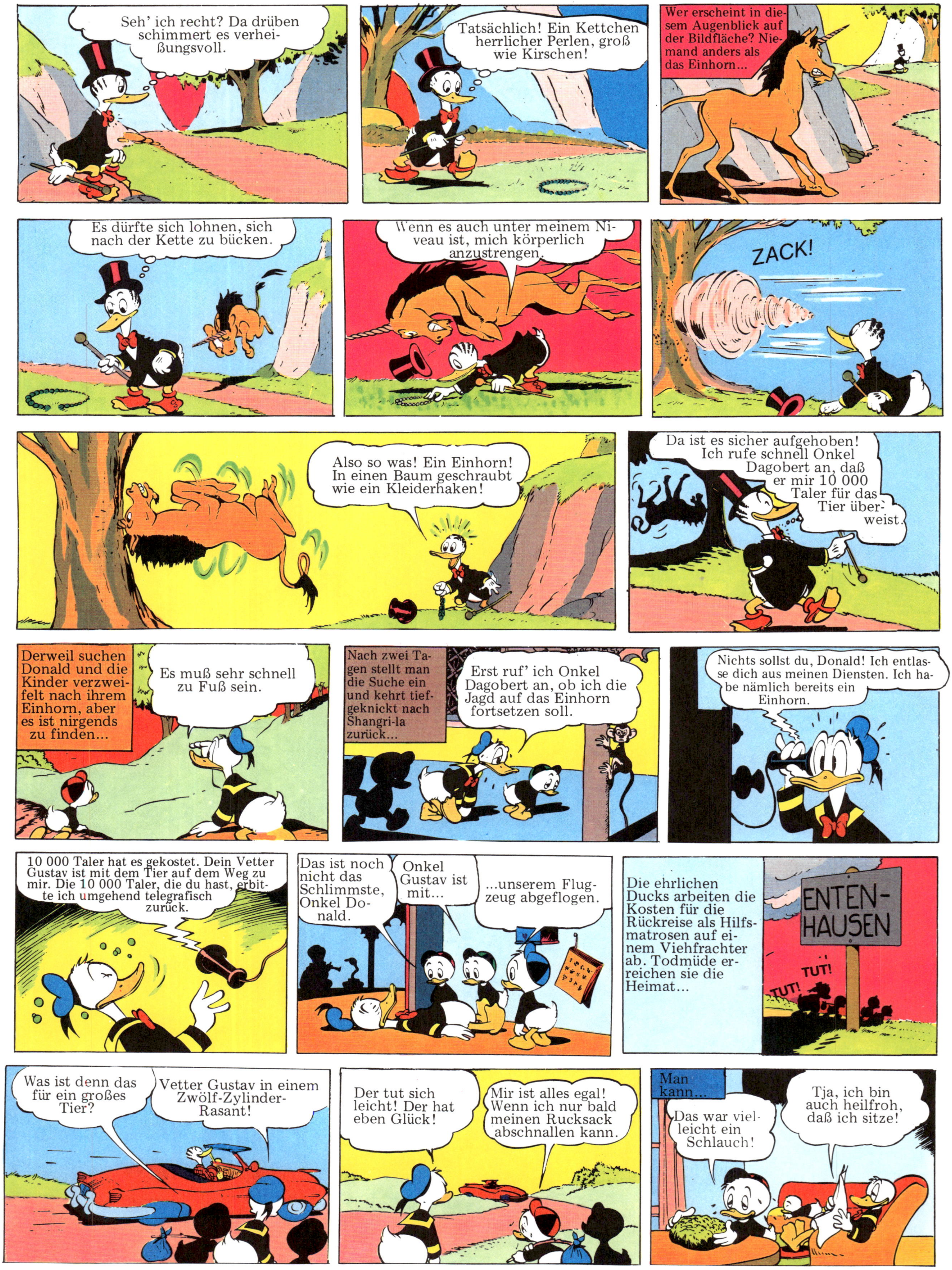

Seh' ich recht? Da drüben schimmert es verheißungsvoll.
Tatsächlich! Ein Kettchen herrlicher Perlen, groß wie Kirschen!
Wer erscheint in diesem Augenblick auf der Bildfläche? Niemand anders als das Einhorn...
Es dürfte sich lohnen, sich nach der Kette zu bücken.
Wenn es auch unter meinem Niveau ist, mich körperlich anzustrengen.
ZACK!
Also so was! Ein Einhorn! In einen Baum geschraubt wie ein Kleiderhaken!
Da ist es sicher aufgehoben! Ich rufe schnell Onkel Dagobert an, daß er mir 10 000 Taler für das Tier überweist.
Derweil suchen Donald und die Kinder verzweifelt nach ihrem Einhorn, aber es ist nirgends zu finden...
Es muß sehr schnell zu Fuß sein.
Nach zwei Tagen stellt man die Suche ein und kehrt tiefgeknickt nach Shangri-la zurück...
Erst ruf' ich Onkel Dagobert an, ob ich die Jagd auf das Einhorn fortsetzen soll.
Nichts sollst du, Donald! Ich entlasse dich aus meinen Diensten. Ich habe nämlich bereits ein Einhorn.
10 000 Taler hat es gekostet. Dein Vetter Gustav ist mit dem Tier auf dem Weg zu mir. Die 10 000 Taler, die du hast, erbitte ich umgehend telegrafisch zurück.
Das ist noch nicht das Schlimmste, Onkel Donald.
Onkel Gustav ist mit...
...unserem Flugzeug abgeflogen.
Die ehrlichen Ducks arbeiten die Kosten für die Rückreise als Hilfsmatrosen auf einem Viehfrachter ab. Todmüde erreichen sie die Heimat...
ENTENHAUSEN
TUT! TUT!
Was ist denn das für ein großes Tier?
Vetter Gustav in einem Zwölf-Zylinder-Rasant!
Der tut sich leicht! Der hat eben Glück!
Mir ist alles egal! Wenn ich nur bald meinen Rucksack abschnallen kann.
Man kann...
Das war viel-leicht ein Schlauch!
Tja, ich bin auch heilfroh, daß ich sitze!

Sieh da! Ein langer Artikel über unser Einhorn!
Es ist krank. Es will einfach nicht fressen. Die Tierärzte sind ratlos.
He!
Onkel Dagobert bekommt unerwartet Besuch...
Eine Million für den, der mein Einhorn rettet!
Hast du eine Million gesagt!
Nein! Ich hab' zwei Millionen gesagt!
Dann tritt vor, Tick!
SCHMATZ!
WIEHER!
Es frißt endlich! Das Einhorn ist gerettet!
Womit hast du es gefüttert?
Och, mit Moos! Es wächst auf Steinen im Himalaya. Einen Stein hat Tick im Rucksack mitgeschleppt. Zum Andenken!
Man kann beruhigt sein. Ehrlich währt eben doch am längsten...
Platz, du Pinscher!

ENDE

Die Macht der Töne

Die Macht der Töne

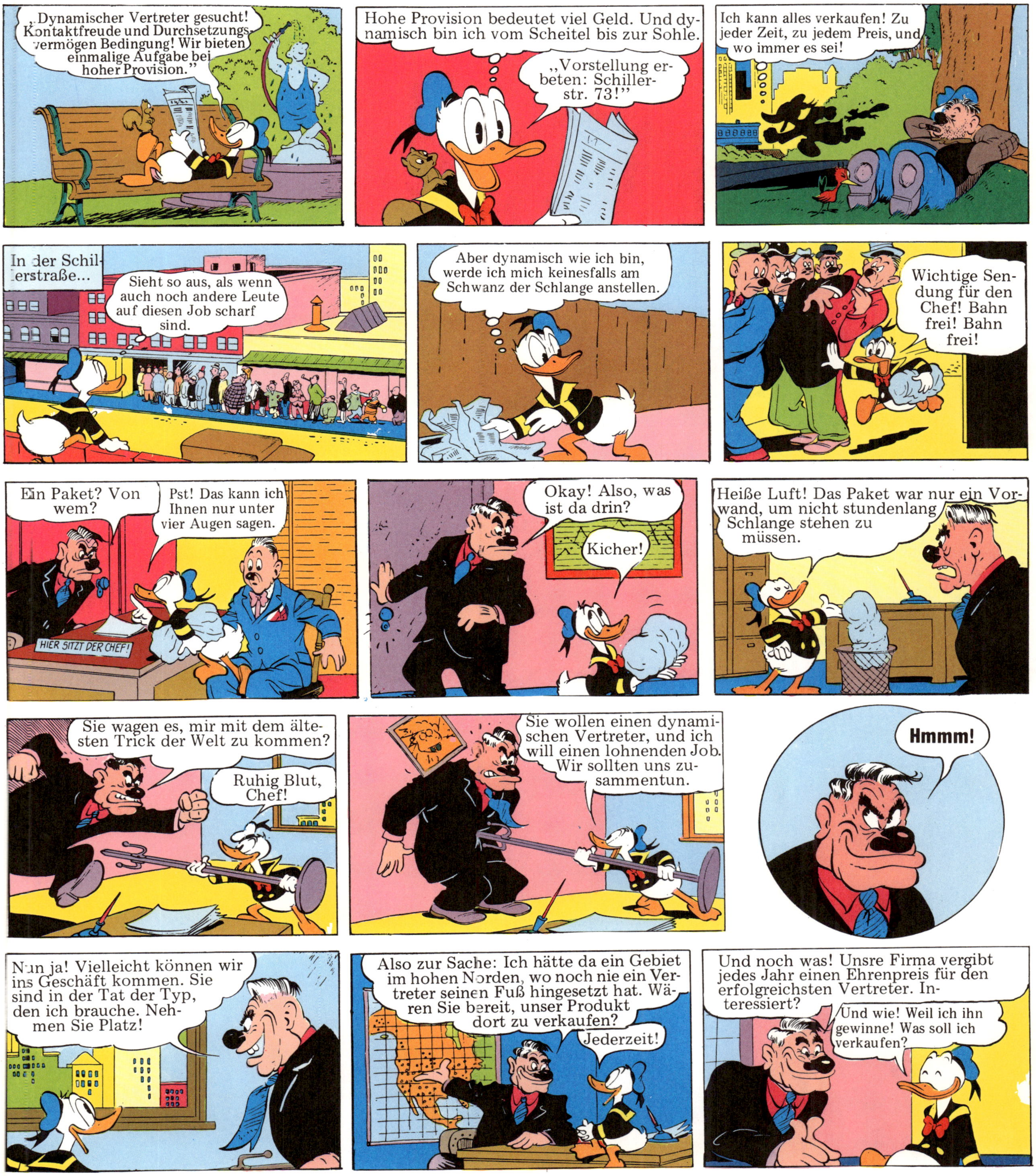

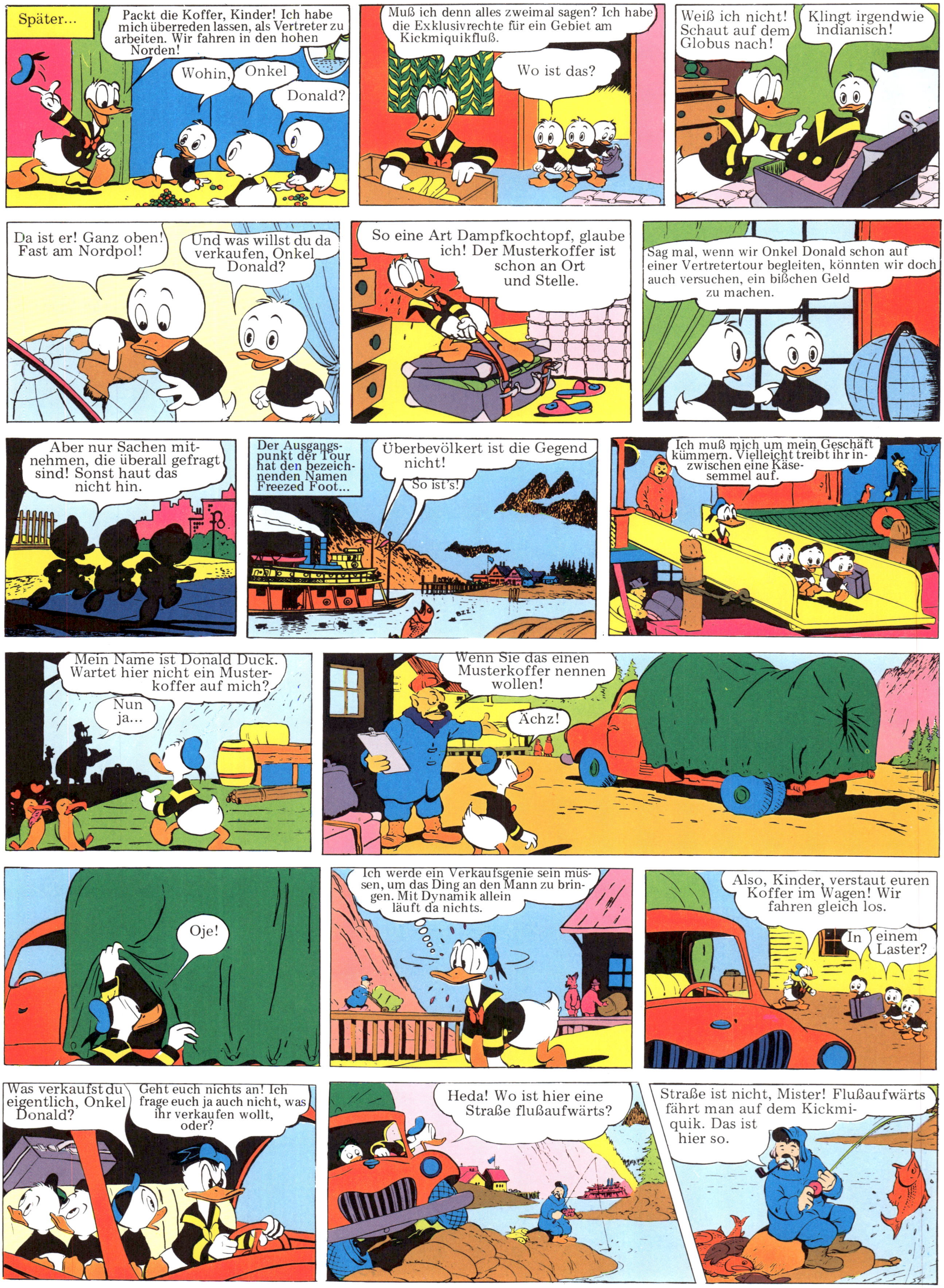

Später...
Packt die Koffer, Kinder! Ich habe mich überreden lassen, als Vertreter zu arbeiten. Wir fahren in den hohen Norden!
Wohin,
Onkel
Donald?
Muß ich denn alles zweimal sagen? Ich habe die Exklusivrechte für ein Gebiet am Kickmiquikfluß.
Wo ist das?
Weiß ich nicht! Schaut auf dem Globus nach!
Klingt irgendwie indianisch!
Da ist er! Ganz oben! Fast am Nordpol!
Und was willst du da verkaufen, Onkel Donald?
So eine Art Dampfkochtopf, glaube ich! Der Musterkoffer ist schon an Ort und Stelle.
Sag mal, wenn wir Onkel Donald schon auf einer Vertretertour begleiten, könnten wir doch auch versuchen, ein bißchen Geld zu machen.
Aber nur Sachen mitnehmen, die überall gefragt sind! Sonst haut das nicht hin.
Der Ausgangspunkt der Tour hat den bezeichnenden Namen Freezed Foot...
Überbevölkert ist die Gegend nicht!
So ist's!
Ich muß mich um mein Geschäft kümmern. Vielleicht treibt ihr inzwischen eine Käsesemmel auf.
Mein Name ist Donald Duck. Wartet hier nicht ein Musterkoffer auf mich?
Nun ja...
Wenn Sie das einen Musterkoffer nennen wollen!
Ächz!
Oje!
Ich werde ein Verkaufsgenie sein müssen, um das Ding an den Mann zu bringen. Mit Dynamik allein läuft da nichts.
Also, Kinder, verstaut euren Koffer im Wagen! Wir fahren gleich los.
In
einem Laster?
Was verkaufst du eigentlich, Onkel Donald?
Geht euch nichts an! Ich frage euch ja auch nicht, was ihr verkaufen wollt, oder?
Heda! Wo ist hier eine Straße flußaufwärts?
Straße ist nicht, Mister! Flußaufwärts fährt man auf dem Kickmiquik. Das ist hier so.

Einen dynamischen Vertreter mit Durchsetzungsvermögen kann das nicht aufhalten. Es wird ja wohl ein Floß aufzutreiben sein.
Das gelingt...
Ziemlich matte Sache, das Floß! Aber wenn wir damit zu unseren Kunden kommen, soll's mir recht sein.
Nach vielen Kilometern...
Keine Hütte, kein Zelt, kein nichts! Wem sollen wir hier was verkaufen?
Ein Blockhaus! Sicher wohnt da ein Trapper, der was braucht.
Ihr bleibt im Hintergrund! Zuerst versuche ich, ins Geschäft zu kommen.
Gut, Onkel Donald!
Darf man fragen, ob Sie die Dame des Hauses sind?
Wer sonst?
Er ist schon mitten im Verkaufsgespräch!
Ich wünschte, wir könnten hören, was er sagt.
Ich auch!
...und bei einem Druck von 325 Atmosphären können Sie... (kaum einzudämmender Wortschwall!)
Aha! Und was kostet so was?
Moment! Muß ich erst nachschlagen! Oh, 22 000 Taler!
Drei Nullen zu viel, Mister! Ich habe nur 22.
Fehlanzeige, Kinder! Versucht ihr's!
Mit Vergnügen,
Onkel
Donald!
Zehn Minuten später...
Stell dir vor, wir haben 22 Taler eingenommen.
Ist das nicht toll?
Knurr!
Ich frage mich, wann wir den nächsten Kunden auftun.
Schweigt! Ich bin fest entschlossen, darüber nicht nachzudenken.
Viel, viel später...
Da! Rauch! Wo Rauch ist, ist auch Feuer. Und wo Feuer ist, ist jemand.
In einer Höhle werde ich meine Ware nicht los. Das ist mir klar.
Gut, dann versuchen wir unser Glück! Ja?
Nein, zuerst komm' ich! Ich verkaufe eure Waren. Von jetzt ab wollen wir das immer so halten.
Das ist nicht fair,
Onkel
Donald!
Ach was! Im Krieg, in der Liebe und im Geschäft ist alles erlaubt.

Da ist nichts zu machen!
Wir müssen eben Onkel Donalds Ware verkaufen. Ganz gleich, was es ist!
Aber man sollte doch wissen, um was es sich handelt.
Ogottogott! Eine Dampforgel!
Typisch, daß Onkel Donald das für einen Dampfkochtopf gehalten hat!
Wir können einpacken!
Genausogut könnte man versuchen, Eskimos Tiefkühltruhen zu verkaufen.
Hallo! Jemand da?
Ich, Erasmus der Eremit bin immer da.
Kommen Sie ans Licht, Bruder Erasmus! Sie können das Geschäft Ihres Lebens machen.
Du verschwendest deine Zeit, mein Sohn! Und meine auch!
Heiliger Rasierpinsel! Der gute Mann sieht so aus, als bräuchte er dringend eine Schere und einen Rasierapparat.
Ich frage mich, was die Kinder in ihrem Koffer haben.
Aha! Lippenstifte, Nagellack, Wimperntusche und so was alles!
Könnte ich Sie für ein Dauerwellenset interessieren?
Kaum! Es gibt nur eine Sache auf der Welt, die ich gern hätte, aber die hast du nicht, mein Sohn!
Darf's auch was anderes sein? Vielleicht ein Lippenstift für Ihre Freundin?
Ich habe keine Freundin und will auch keine.
Wie wär's mit einem Augenbrauenstift aus Leuchtfarbe? Der würde Ihrer düsteren Erscheinung etwas Glanz verleihen, Bruder Erasmus.
Brauch' ich nicht!
Fünf Minuten später...
Nichts zu machen, Kinder! In der Höhle wohnt ein Eremit. Hat nur einen Wunsch, sagt aber nicht welchen!
Wir versuchen's trotzdem. Weniger Erfolg als du können wir auch nicht haben.
Ahoi, da drinnen! Hätten Sie Interesse für eine Dampforgel?
Eine Dampforgel!
Wir haben sie verkauft, Onkel Donald!
22000

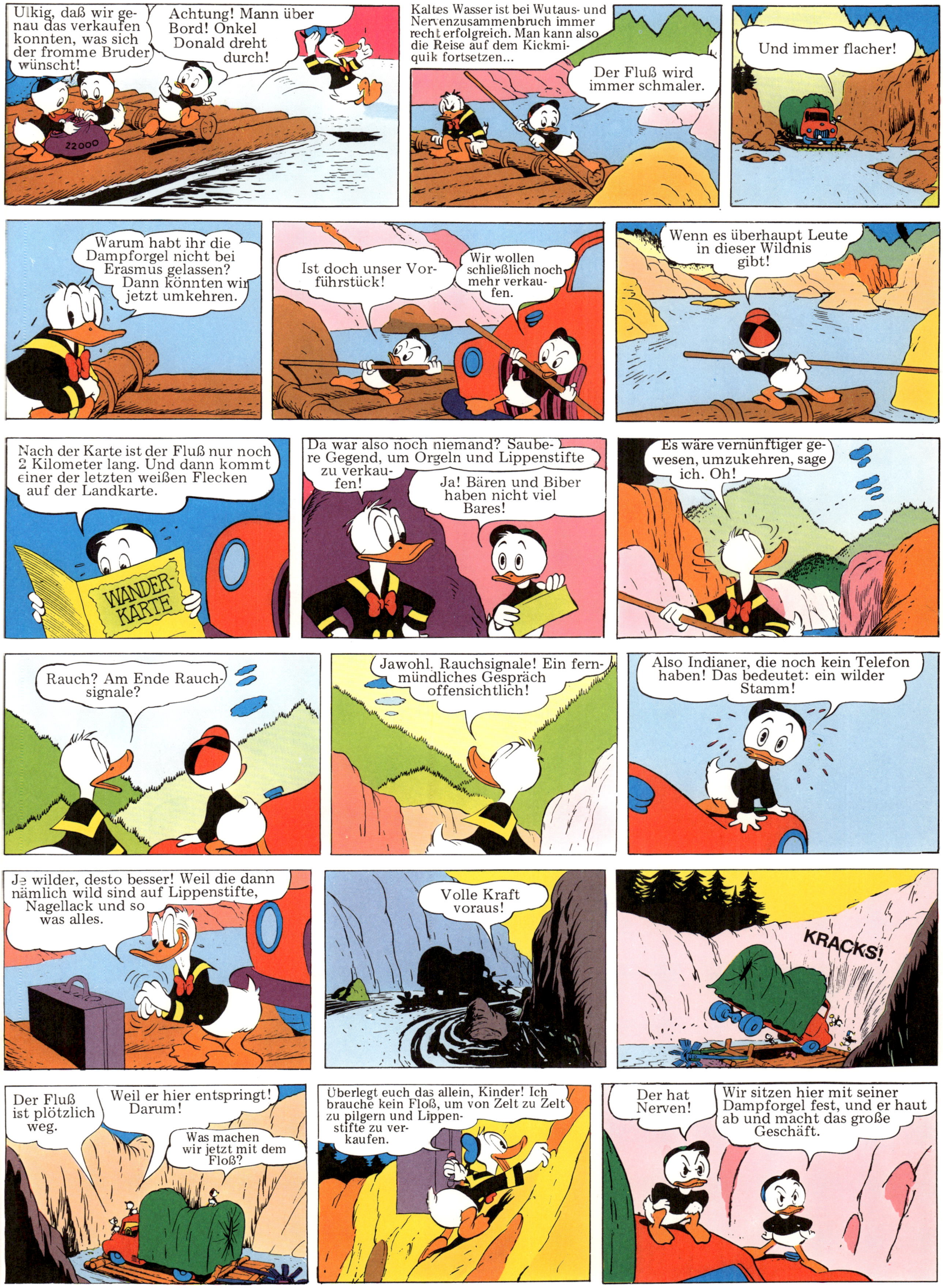
Ulkig, daß wir genau das verkaufen konnten, was sich der fromme Bruder wünscht!
22000
Achtung! Mann über Bord! Onkel Donald dreht durch!
Kaltes Wasser ist bei Wutaus- und Nervenzusammenbruch immer recht erfolgreich. Man kann also die Reise auf dem Kickmiquik fortsetzen...
Der Fluß wird immer schmaler.
Und immer flacher!
Warum habt ihr die Dampforgel nicht bei Erasmus gelassen? Dann könnten wir jetzt umkehren.
Ist doch unser Vorführstück!
Wir wollen schließlich noch mehr verkaufen.
Wenn es überhaupt Leute in dieser Wildnis gibt!
Nach der Karte ist der Fluß nur noch 2 Kilometer lang. Und dann kommt einer der letzten weißen Flecken auf der Landkarte.
WANDER-KARTE
Da war also noch niemand? Saubere Gegend, um Orgeln und Lippenstifte zu verkaufen!
Ja! Bären und Biber haben nicht viel Bares!
Es wäre vernünftiger gewesen, umzukehren, sage ich. Oh!
Rauch? Am Ende Rauchsignale?
Jawohl. Rauchsignale! Ein fernmündliches Gespräch offensichtlich!
Also Indianer, die noch kein Telefon haben! Das bedeutet: ein wilder Stamm!
Je wilder, desto besser! Weil die dann nämlich wild sind auf Lippenstifte, Nagellack und so was alles.
Volle Kraft voraus!
KRACKS!
Der Fluß ist plötzlich weg.
Weil er hier entspringt! Darum!
Was machen wir jetzt mit dem Floß?
Überlegt euch das allein, Kinder! Ich brauche kein Floß, um von Zelt zu Zelt zu pilgern und Lippenstifte zu verkaufen.
Der hat Nerven!
Wir sitzen hier mit seiner Dampforgel fest, und er haut ab und macht das große Geschäft.

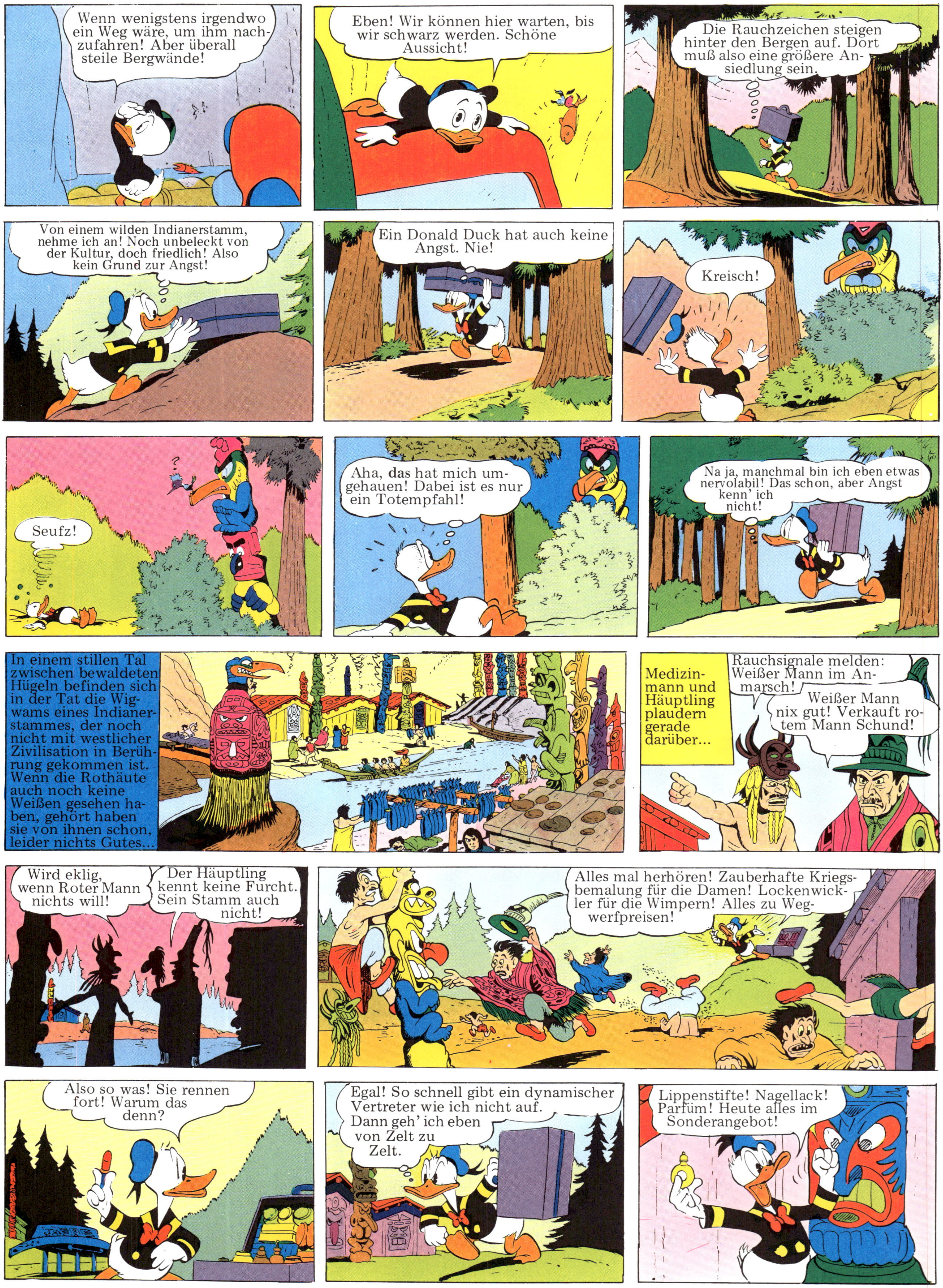

Wenn wenigstens irgendwo ein Weg wäre, um ihm nachzufahren! Aber überall steile Bergwände!
Eben! Wir können hier warten, bis wir schwarz werden. Schöne Aussicht!
Die Rauchzeichen steigen hinter den Bergen auf. Dort muß also eine größere Ansiedlung sein.
Von einem wilden Indianerstamm, nehme ich an! Noch unbeleckt von der Kultur, doch friedlich! Also kein Grund zur Angst!
Ein Donald Duck hat auch keine Angst. Nie!
Kreisch!
Seufz!
Aha, das hat mich umgehauen! Dabei ist es nur ein Totempfahl!
Na ja, manchmal bin ich eben etwas nervolabil! Das schon, aber Angst kenn' ich nicht!
In einem stillen Tal zwischen bewaldeten Hügeln befinden sich in der Tat die Wigwams eines Indianerstammes, der noch nicht mit westlicher Zivilisation in Berührung gekommen ist. Wenn die Rothäute auch noch keine Weißen gesehen haben, gehört haben sie von ihnen schon, leider nichts Gutes...
Medizinmann und Häuptling plaudern gerade darüber...
Rauchsignale melden: Weißer Mann im Anmarsch!
Weißer Mann nix gut! Verkauft rotem Mann Schund!
Wird eklig, wenn Roter Mann nichts will!
Der Häuptling kennt keine Furcht. Sein Stamm auch nicht!
Alles mal herhören! Zauberhafte Kriegsbemalung für die Damen! Lockenwickler für die Wimpern! Alles zu Wegwerfpreisen!
Also so was! Sie rennen fort! Warum das denn?
Egal! So schnell gibt ein dynamischer Vertreter wie ich nicht auf. Dann geh' ich eben von Zelt zu Zelt.
Lippenstifte! Nagellack! Parfüm! Heute alles im Sonderangebot!

Ihr macht auf stur, was? Vielleicht hätte ich Tränengas mitbringen sollen!
Ich muß ihnen meine Waren vorführen. Sonst kommen sie nicht raus aus ihren Buden.
Juhu!
Bleichgesicht hat fabelhafte Farben und Lacke für die Damen!
Gib her!
Halb so wild!
Tu deinen Fuß aus meinem Gesicht!
Aua!
Edler Elch trinkt klares Wässerchen!
Eau de Cologne
Wie findet Weiße Wolke rote Lippen?
Uhu-mmm!
Schluck! Riecht gut, schmeckt nix gut.
SEIFE
Ah, schlüpfrige Schmiere färbt den Skalp des Häuptlings rosa!
HAAR-ENTFERNER
SPRITZ!
So geht's nicht, Leute! Ich bin nicht der Weihnachtsmann! Die Sachen kosten was. Ein Lippenstift 1 Taler!
Und das Parfüm 5 Taler pro Liter! Wer bezahlt das, he?
Wer bezahlt den Skalp des großen Häuptlings?
Der Medizinmann salbt sein Gesicht. Es wird steif. Steifes Gesicht bezahlt er nicht.
Nimmt der Kerl Nagellack!
Wässerchen sehr, sehr scharf! Brennt wie Feuer im Bauch!
Der Häuptling will neuen Skalp oder den Skalp des Weißen Mannes!
Seht unsre Brüder! Essen Kuchen und sind jetzt wie tollwütige Hunde!
Das Bleichgesicht ist schuld!
SEIFE

Fangt das Bleichgesicht!
Irgendwas rät mir, den Rückzug anzutreten!
Und zwar so schnell wie möglich!
Die Wilden können schneller rennen als ich. Wo versteck' ich mich nur?
Inzwischen haben die Kinder Feuer unter dem Kessel gemacht und die Orgel in Gang gesetzt...
Wenn wir schon stundenlang warten müssen, dann mit Musik! Was wollt ihr hören? Einen Wiener Walzer...
...oder aus dem Freischütz „Wir winden dir den Jungfernkranz'' oder den Triumphmarsch aus Aida?
Also den Jungfernkranz lieber nicht!
Ich bin für den Marsch. Spiel ihn mit allem Dampf, den du hast!
TUT!
TUUUT!
TUUUUT!
Lauter!
Lauter geht's nicht! Auch nicht, wenn ich Kanonen statt Bässe hätte!
Die Bäume schwanken, die Erde bebt...
QUIETSCH!
TUUUT!
Mann, hör auf! Sonst gibt's ein Unglück.
Ich kann kein Wort verstehen.
Manometer! Die ganze Schlucht stürzt ein!
Das war die Macht der Töne!
Eben! Sie hat uns einen Weg gebahnt. Ist doch bestens!
Wenn es nicht zu holprig wird, müßten wir bis zum Indianerdorf kommen.

Bis jetzt ist man den Verfolgern entwischt...
Bleichgesicht wie Geist! Ist noch da, aber nicht zu sehen!
Der Häuptling befiehlt, die Suche aufzugeben. Weißer Mann ist entkommen.
Papi, wachsen Totempfähle?
Klein-Iltis sollte keine so dummen Fragen stellen!
Aber der da ist höher als gestern.
Hugh! Und weißer Mann morgen um einen Skalp kürzer!
Man bereitet alles für eine größere Feier vor...
Bei aufgehender Sonne alle Krieger mit Paddeln antreten zur großen Klopperei!
Der Medizinmann braut bittre Medizin!
So bitter, daß dem Weißen Mann die Haare ausfallen!
Tick! Trick! Track! Wo seid ihr? Hilft mir denn niemand?
Sollen wir mit Sang und Klang ins Dorf einfahren?
Klar! Wer was verkaufen will, muß kräftig auf die Pauke hauen.
Ich glaub', wir sind gleich da, Leute!
Moment! Ich höre Trommeln!
Zu viele Trommeln!
Wer gern trommelt, macht sich vielleicht nichts aus Dampfmusik.
Ich sage euch, die Trommeln haben was zu bedeuten!
Ehe wir ins Dorf einfahren, sollte man Genaueres wissen.
Sinnlos, Leuten Orgeln anzubieten, die nichts von guter Musik verstehen.
Oh!
Kessel anheizen! Alle Mann an die Tasten! Es gibt zu tun.
Was ist los?
Die wollen Onkel Donald morgen früh fertigmachen. Wir müssen die Indianer irgendwie ablenken, bis wir ihn da rausgeholt haben.
Achtung, Rothäute! Hier kommt die Dampfkavallerie!

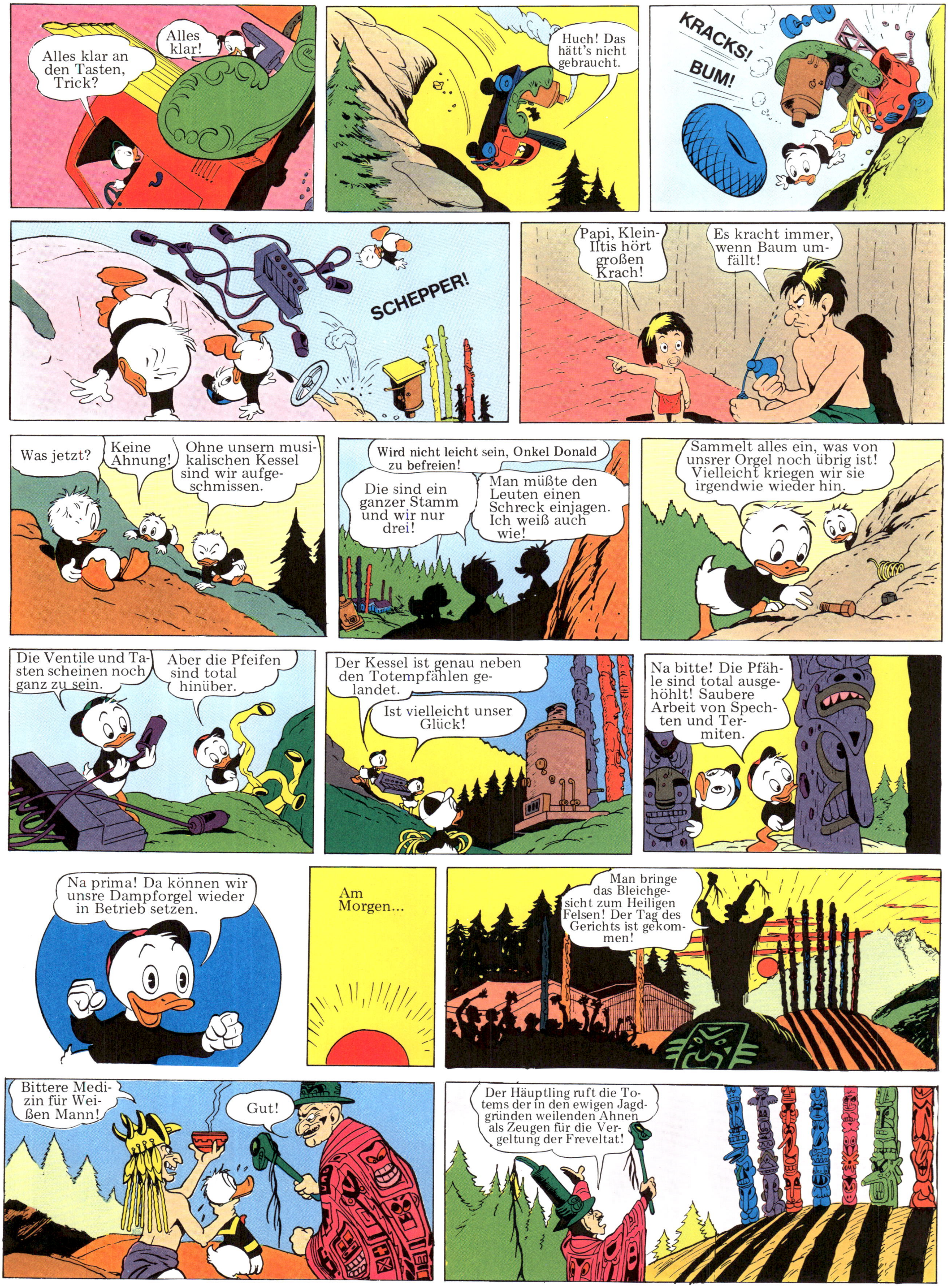
Alles klar an den Tasten, Trick?
Alles klar!
Huch! Das hätt's nicht gebraucht.
KRACKS!
BUM!
SCHEPPER!
Papi, Klein-Iltis hört großen Krach!
Es kracht immer, wenn Baum umfällt!
Was jetzt?
Keine Ahnung!
Ohne unsern musikalischen Kessel sind wir aufgeschmissen.
Wird nicht leicht sein, Onkel Donald zu befreien!
Die sind ein ganzer Stamm und wir nur drei!
Man müßte den Leuten einen Schreck einjagen. Ich weiß auch wie!
Sammelt alles ein, was von unsrer Orgel noch übrig ist! Vielleicht kriegen wir sie irgendwie wieder hin.
Die Ventile und Tasten scheinen noch ganz zu sein.
Aber die Pfeifen sind total hinüber.
Der Kessel ist genau neben den Totempfählen gelandet.
Ist vielleicht unser Glück!
Na bitte! Die Pfähle sind total ausgehöhlt! Saubere Arbeit von Spechten und Termiten.
Na prima! Da können wir unsre Dampforgel wieder in Betrieb setzen.
Am Morgen...
Man bringe das Bleichgesicht zum Heiligen Felsen! Der Tag des Gerichts ist gekommen!
Bittere Medizin für Weißen Mann!
Gut!
Der Häuptling ruft die Totems der in den ewigen Jagdgründen weilenden Ahnen als Zeugen für die Vergeltung der Freveltat!

Die Totems erwidern auf eine Art, die sowohl Zustimmung wie Ablehnung bedeuten kann. Jedenfalls fällt die Antwort sehr laut aus...
PFOOOO
SCREEC
TOOT
TOWOOO
Totems böse!
Nein, verrückt!
Die Indianer sind verschwunden!
Holt Onkel Donald, und dann ab nach Haus!
Papi! Papi! Drei kleine weiße Männer bei den Totems!
Ich weiß nicht, wie ihr es macht, Kinder, aber ihr seid immer zur Stelle, wenn ich euch am nötigsten brauche!
Halt! Stehenbleiben!
Jetzt ist es aus! Ganz aus!
Was wollt ihr von uns?
Der Weiße Mann lasse die Totems tönen! Der Häuptling liebt das.
Zwei Wochen später...
Wieso fragen Sie noch? Ich habe doch laut und deutlich gesagt, daß ich 50 Dampforgeln verkauft habe.
Meine Kunden haben mit Nerzfellen bezahlt. Am Bahnhof liegen drei Güterzüge voll von dem Zeug.
Sagen Sie doch was, Chef!
Er kann nicht, Onkel Donald! Das hat ihn umgehauen.
Am nächsten Tag...
Donald! Was um alles in der Welt bedeutet das Ungetüm in deinem Hof?
Das hab' ich gewonnen! Es ist der Ehrenpreis für den besten Vertreter, den es je auf Erden gab! Und das bin ich!
ENDE

Weihnachten für Kummersdorf

Weihnachten für Kummersdorf

Hm... das wäre ein Fall für meinen Klub.
Geht nach Hause, Kinder, und macht euch keine Sorgen mehr! Für die Kinder von Kummersdorf wird gesorgt werden.
Alle Jahre wieder schlägt sich Donald vor Weihnachten mit demselben Problem herum...
Wie soll ich den Kindern etwas Schönes zu Weihnachten schenken, wenn ich nur fünf Taler mein eigen nenne?
Kein Zahltag in Aussicht bis zum nächsten Jahr und keine Menschenseele, die mir was pumpt!
Eine Gans müßte ich auch noch besorgen und Weihnachtsplätzchen und so.
Und was mich am meisten wurmt, ich weiß, daß die Kinder für mein Weihnachtsgeschenk fünf Taler gespart haben.
Wie schön könnten solche Feiertage sein, wenn das liebe Geld nicht wär'!
?
KLOPF! KLOPF!
Guten Tag, lieber Donald! Ich komme mit meinen Weihnachtssorgen zu dir, weil ich weiß, daß du keine Sorgen dieser Art hast.
So! Denkst du!
Mein Klub braucht dringend 50 Taler.
In Scheinen oder Münzen? Oder halb und halb?
Ich will die 50 Taler doch nicht von dir haben, jedenfalls nicht die ganze Summe.
Das beruhigt mich!
Meine Klubfreundinnen und ich wollen nämlich zu Weihnachten die Kinder von Kummersdorf bescheren.
Wir haben alle mit vollen Händen gespendet, aber uns fehlen noch 50 Taler.
Und da hast du an den guten, steinreichen Donald gedacht.
Nein, aber ich hab' gedacht, vielleicht kennst du jemanden, der was dafür stiftet.
Onkel Donald!
Warum bittest du nicht Onkel Dagobert um die 50 Taler?
Er ist doch der Reichste von uns!
Und für so einen guten Zweck rückt er sicher was raus.
Der? Der geht hoch wie eine Zündkerze! Ich kenn' doch Onkel Dagobert!
Keine Ausflüchte, Donald! Geh sofort hin! Sag ihm, 25 brauchen wir für die Weihnachtsgänse und 25 für die Eisenbahn.
Eisenbahn?
Bei Eisenbahn springt er mir ins Gesicht.
Und wenn schon! Wir haben sie den Kindern versprochen.

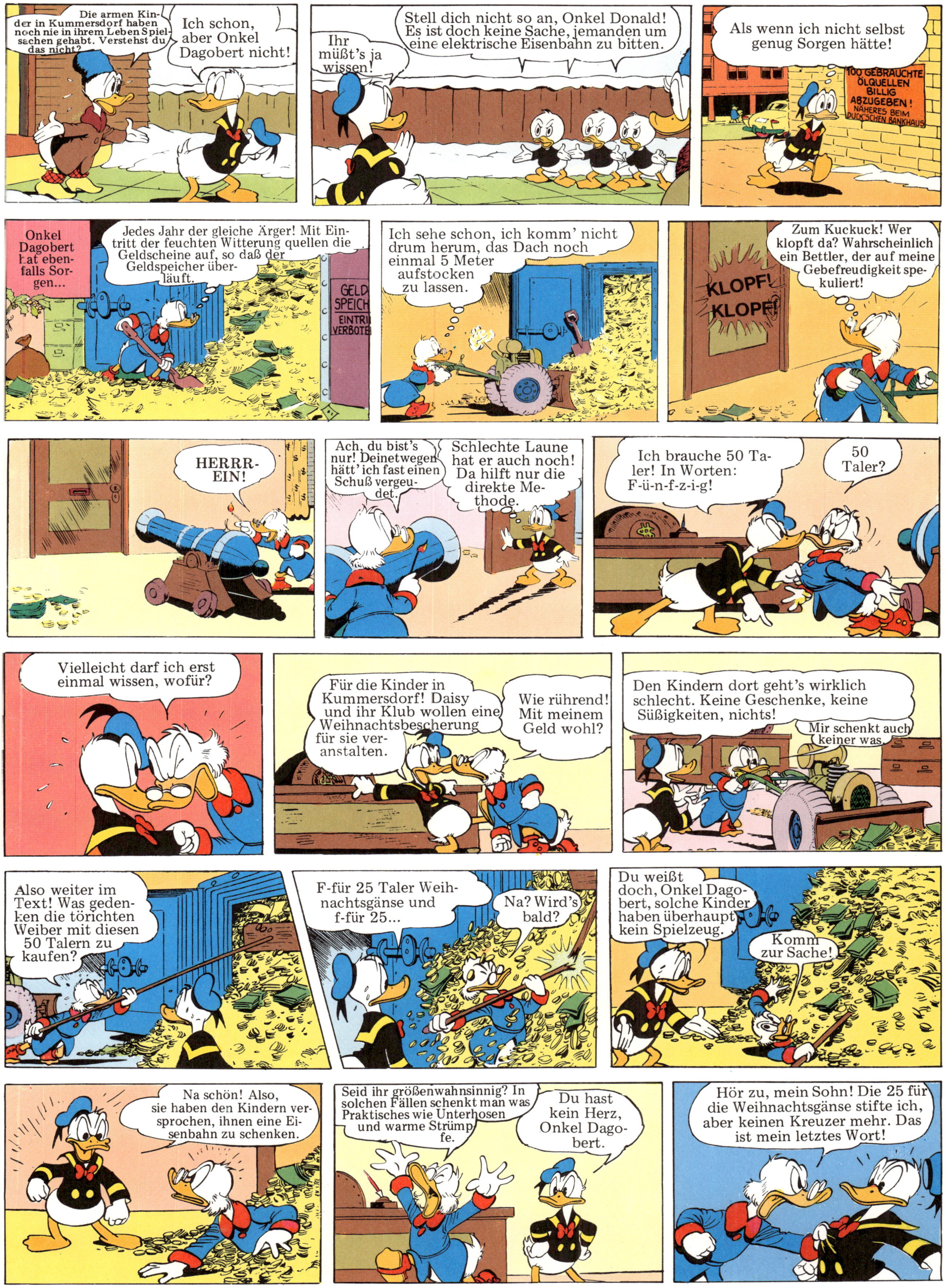
Die armen Kinder in Kummersdorf haben noch nie in ihrem Leben Spielsachen gehabt. Verstehst du das nicht?
Ich schon, aber Onkel Dagobert nicht!
Ihr müßt's ja wissen!
Stell dich nicht so an, Onkel Donald! Es ist doch keine Sache, jemanden um eine elektrische Eisenbahn zu bitten.
Als wenn ich nicht selbst genug Sorgen hätte!
100 GEBRAUCHTE ÖLQUELLEN BILLIG ABZUGEBEN! NÄHERES BEIM DUCK'SCHEN BANKHAUS
Onkel Dagobert hat ebenfalls Sorgen...
Jedes Jahr der gleiche Ärger! Mit Eintritt der feuchten Witterung quellen die Geldscheine auf, so daß der Geldspeicher überläuft.
GELD SPEICH EINTRI VERBOTE
Ich sehe schon, ich komm' nicht drum herum, das Dach noch einmal 5 Meter aufstocken zu lassen.
KLOPF! KLOPF!
Zum Kuckuck! Wer klopft da? Wahrscheinlich ein Bettler, der auf meine Gebefreudigkeit spekuliert!
HERRR-EIN!
Ach, du bist's nur! Deinetwegen hätt' ich fast einen Schuß vergeudet.
Schlechte Laune hat er auch noch! Da hilft nur die direkte Methode.
Ich brauche 50 Taler! In Worten: F-ü-n-f-z-i-g!
50 Taler?
Vielleicht darf ich erst einmal wissen, wofür?
Für die Kinder in Kummersdorf! Daisy und ihr Klub wollen eine Weihnachtsbescherung für sie veranstalten.
Wie rührend! Mit meinem Geld wohl?
Den Kindern dort geht's wirklich schlecht. Keine Geschenke, keine Süßigkeiten, nichts!
Mir schenkt auch keiner was.
Also weiter im Text! Was gedenken die törichten Weiber mit diesen 50 Talern zu kaufen?
F-für 25 Taler Weihnachtsgänse und f-für 25...
Na? Wird's bald?
Du weißt doch, Onkel Dagobert, solche Kinder haben überhaupt kein Spielzeug.
Komm zur Sache!
Na schön! Also, sie haben den Kindern versprochen, ihnen eine Eisenbahn zu schenken.
Seid ihr größenwahnsinnig? In solchen Fällen schenkt man was Praktisches wie Unterhosen und warme Strümpfe.
Du hast kein Herz, Onkel Dagobert.
Hör zu, mein Sohn! Die 25 für die Weihnachtsgänse stifte ich, aber keinen Kreuzer mehr. Das ist mein letztes Wort!

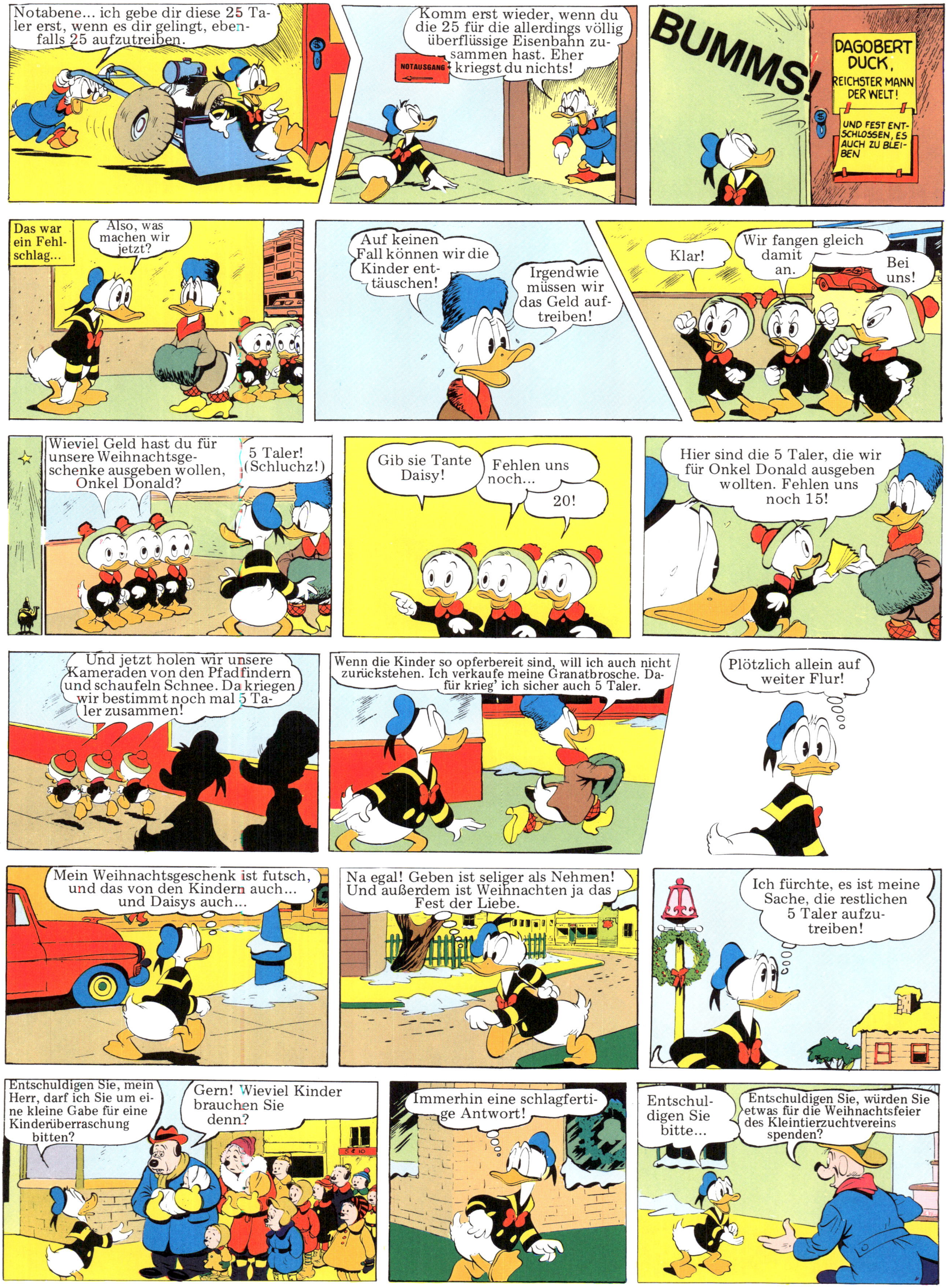
Notabene... ich gebe dir diese 25 Taler erst, wenn es dir gelingt, ebenfalls 25 aufzutreiben.
Komm erst wieder, wenn du die 25 für die allerdings völlig überflüssige Eisenbahn zusammen hast. Eher kriegst du nichts!
NOTAUSGANG
BUMMS!
DAGOBERT DUCK, REICHSTER MANN DER WELT!
UND FEST ENTSCHLOSSEN, ES AUCH ZU BLEIBEN
Das war ein Fehlschlag...
Also, was machen wir jetzt?
Auf keinen Fall können wir die Kinder enttäuschen!
Irgendwie müssen wir das Geld auftreiben!
Klar!
Wir fangen gleich damit an.
Bei uns!
Wieviel Geld hast du für unsere Weihnachtsgeschenke ausgeben wollen, Onkel Donald?
5 Taler! (Schluchz!)
Gib sie Tante Daisy!
Fehlen uns noch...
20!
Hier sind die 5 Taler, die wir für Onkel Donald ausgeben wollten. Fehlen uns noch 15!
Und jetzt holen wir unsere Kameraden von den Pfadfindern und schaufeln Schnee. Da kriegen wir bestimmt noch mal 5 Taler zusammen!
Wenn die Kinder so opferbereit sind, will ich auch nicht zurückstehen. Ich verkaufe meine Granatbrosche. Dafür krieg' ich sicher auch 5 Taler.
Plötzlich allein auf weiter Flur!
Mein Weihnachtsgeschenk ist futsch, und das von den Kindern auch... und Daisys auch...
Na egal! Geben ist seliger als Nehmen! Und außerdem ist Weihnachten ja das Fest der Liebe.
Ich fürchte, es ist meine Sache, die restlichen 5 Taler aufzutreiben!
Entschuldigen Sie, mein Herr, darf ich Sie um eine kleine Gabe für eine Kinderüberraschung bitten?
Gern! Wieviel Kinder brauchen Sie denn?
Immerhin eine schlagfertige Antwort!
Entschuldigen Sie bitte...
Entschuldigen Sie, würden Sie etwas für die Weihnachtsfeier des Kleintierzuchtvereins spenden?

GÜNST
GELEGENHEIT! 100 GEBRAUCHTE GOLDBERGWERKE ZU VERKAUFEN (ALS EISENBAHN-TUNNELS VERWENDBAR!) NÄHERES BEIM DUCK'SCHEN BANKHAUS
1 : 1 unentschieden!
Entschuldigen Sie, aber Sie müssen was für eine Weihnachtsbescherung spenden.
Täte ich gerne! Aber ich hab' grad alles zusammengekratzt, um meine Schulden beim alten Herrn Duck zu bezahlen!
Dem kann man wirklich nichts abknöpfen!
Es ist wirklich ungerecht, daß unsereins sich wegen lumpiger 5 Taler so abmühen muß, und Onkel Dagobert erstickt im Geld.
Man müßte es dem alten Geizhals mit List und Tücke abluchsen!
Jawohl, mit List und Tücke! Und ich weiß auch, wie.
DONALD DUCK
Blättern wir mal im Familienalbum! Ah, das ist er! Jakob Jungerpel, der Sippenälteste!
Mit Bart sehe ich Onkel Jakob so ähnlich, als wär' ich sein Zwillingsbruder!
Und jetzt zu Onkel Dagobert! Dem erzähle ich eine so rührende Geschichte, daß sein Herz vor Mitleid schmilzt.
KLOPF! KLOPF!
MEINE ERSTE SELBSTVERDIENTE BANKNOTE D.D.
Herrrein!
Was sehen meine armen Augen?
Ja, du siehst richtig! Ich b-bin der g-gute l-liebe Onkel Jakob aus Schottland. K-kennst du mich noch?
Wie sollte ich dich vergessen haben, Onkel Jakob! Du hast mich als Kind doch auf deinen Knien geschaukelt.
Aber ich hab' auch nicht vergessen, daß du mich vor 60 Jahren um 2 Taler angepumpt hast. Zurückgegeben hast du sie mir nie.
Ich habe alles genau notiert! Das macht mit Zins und Zinseszins — bei riskanten Geschäften nehme ich 50 %...
...300 Taler! Hast du das Geld mitgebracht? Ich will es haben. Ich habe lange genug gewartet.
(Seufz!) Hellseher müßte man sein!
BÜRGER, HALTET EURE STRASSEN REIN!

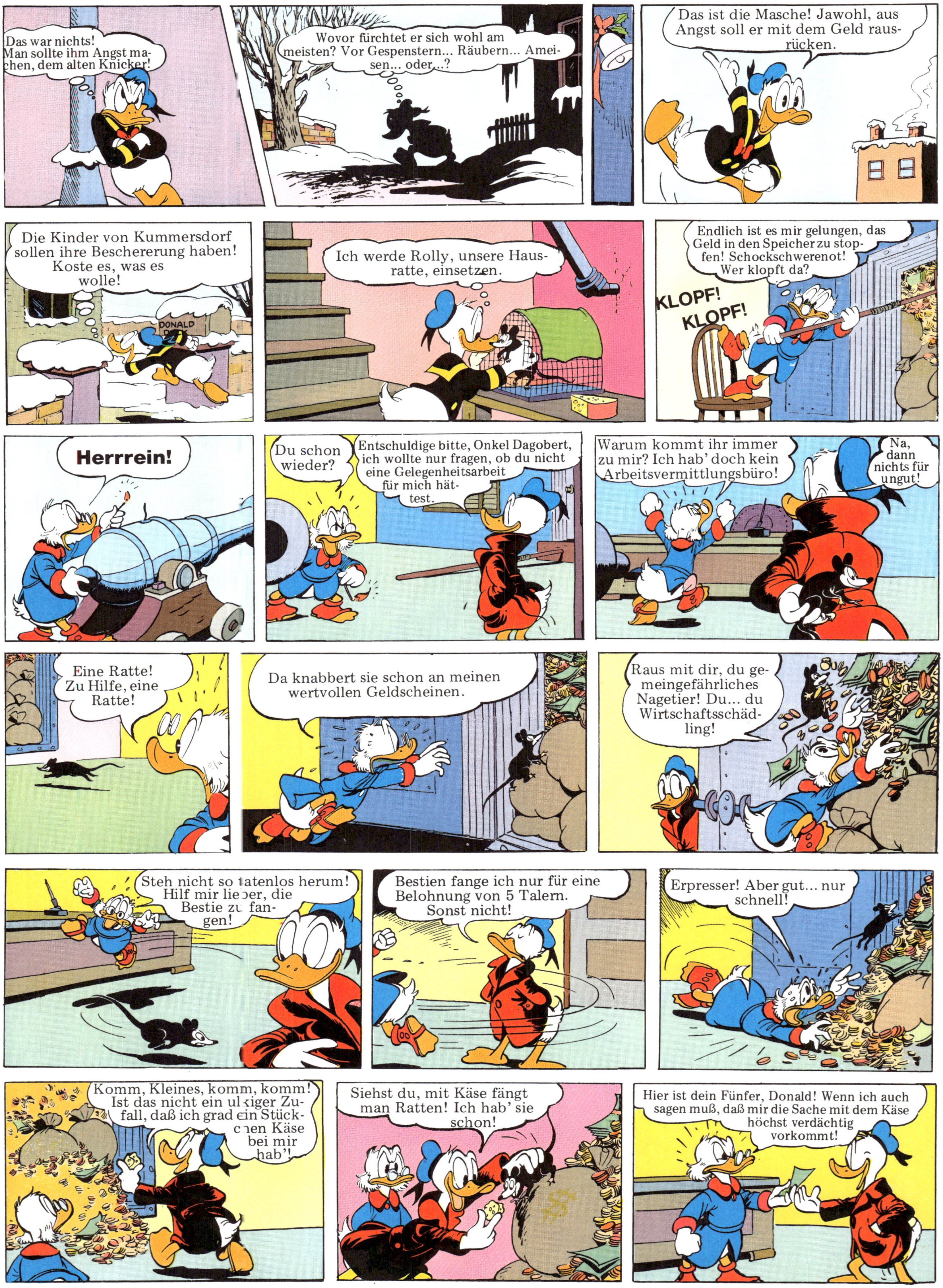
Das war nichts! Man sollte ihm Angst machen, dem alten Knicker!
Wovor fürchtet er sich wohl am meisten? Vor Gespenstern... Räubern... Ameisen... oder...?
Das ist die Masche! Jawohl, aus Angst soll er mit dem Geld rausrücken.
Die Kinder von Kummersdorf sollen ihre Beschererung haben! Koste es, was es wolle!
DONALD
Ich werde Rolly, unsere Hausratte, einsetzen.
Endlich ist es mir gelungen, das Geld in den Speicher zu stopfen! Schockschwerenot! Wer klopft da?
KLOPF! KLOPF!
Herrrein!
Du schon wieder?
Entschuldige bitte, Onkel Dagobert, ich wollte nur fragen, ob du nicht eine Gelegenheitsarbeit für mich hättest.
Warum kommt ihr immer zu mir? Ich hab' doch kein Arbeitsvermittlungsbüro!
Na, dann nichts für ungut!
Eine Ratte! Zu Hilfe, eine Ratte!
Da knabbert sie schon an meinen wertvollen Geldscheinen.
Raus mit dir, du gemeingefährliches Nagetier! Du... du Wirtschaftsschädling!
Steh nicht so tatenlos herum! Hilf mir lieber, die Bestie zu fangen!
Bestien fange ich nur für eine Belohnung von 5 Talern. Sonst nicht!
Erpresser! Aber gut... nur schnell!
Komm, Kleines, komm, komm! Ist das nicht ein ulkiger Zufall, daß ich grad ein Stückchen Käse bei mir hab'!
Siehst du, mit Käse fängt man Ratten! Ich hab' sie schon!
Hier ist dein Fünfer, Donald! Wenn ich auch sagen muß, daß mir die Sache mit dem Käse höchst verdächtig vorkommt!

Na, Kinder, wie ist's euch inzwischen ergangen?
Die Aktion war ein voller Erfolg. Pfadfindergruppe „Kondor" durch Schneeschaufeln 5 Taler verdient.
Und ich habe Onkel Dagobert ebenfalls 5 Taler aus der Nase gezogen. Kommt, wir gehen zu Daisy.
Ich habe wirklich 5 Taler für meine Granatbrosche bekommen.
BETRETEN DES RASENS VERBOTEN!
Hipp, hipp, hurra! Wir haben die Piepen zusammen!
Hier sind unsere 5 Taler!
Und hier meine!
Und hier die 5 von Onkel Dagobert!
Oha!
Ich... ich hab' den Schein in die Tasche gesteckt, in der auch unser Rolly war.
NAGETIERE!
Wo soll ich jetzt nur die letzten 5 Taler herkriegen?
Ich könnt' platzen vor Wut!
Sorgen, Sorgen, nichts als Sorgen!
KLICK!
Was seh' ich? Der hat mich für einen Bettler gehalten und mir 1 Taler in die Mütze geworfen.
Hm... wäre taktisch vielleicht richtig, hier noch ein wenig zu verweilen.
Inzwischen hat Onkel Dagobert die Tür zu seinem Geldspeicher endlich zugekriegt...
Der Speicher ist voll... mehr als voll!
GELDSPEICHER EINTRITT VERBOTEN!
Ich werde durch den Park nach Haus gehen. Da spar' ich das Geld für die Tram.
DUCK'SO BANKH
HIER WIRD NICHTS VERSCHENKT!
Was muß ich auf meine alten Tage erleben? Mein Neffe bettelt wie der erstbeste Tagesdieb!

Donald, hast du denn gar kein Schamgefühl?
Schamgefühl? Na, und der Taler da? Ist das wohl nichts?
Du sitzt wirklich erst fünf Minuten hier und hast...?
Runter von der Bank! Ich will auch einmal auf so einfache Art und Weise zu Geld kommen.
Die einzig günstig gelegene Bank im Park nimmt er mir weg! Typisch!
Ich werde den Mantelkragen aufschlagen, sonst erkennt mich am Ende noch jemand.
Inzwischen herrscht bei den Kindern in Kummersdorf frohe Erwartung...
Glaubt ihr wirklich, daß wir zu Weihnachten eine Eisenbahn geschenkt kriegen?
Die lieben Damen haben es uns versprochen.
Die Schienen bauen wir vor Willis Fenster auf, weil er im Bett liegen muß, damit er auch was davon hat.
Ja, und wir legen einen Bindfaden zu ihm ans Bett, damit er die Glocke von der Schranke bedienen kann.
Ach, ich freu' mich so!
Diesmal vergißt uns der Weihnachtsmann nicht.
Wo krieg' ich die letzten 4 Taler her? Das ist keine Summe, wenn man sie hat, aber sehr viel Geld, wenn man es nicht hat.
Heil mir! Wen seh' ich?
Gustav Gans! Sei gegrüßt, du Glückspilz!
SÜSSWAREN
Gustav, du bist der einzige, der mir jetzt noch helfen kann.
Na, wo fehlt's denn mal wieder, lieber Vetter?
Ich brauch' dringend 4 Taler. Kannst du sie mir geben?
Ich? Ich hab' nie Bargeld. Brauch' auch keins.
Dann finde welches! Du findest doch immer Brieftaschen oder Schmuck oder sonst was.
Keine Saison mehr! Im Winter fällt dergleichen in den Schnee, und schon ist es verschwunden.
Ein Mann wie du findet auch in der Nachsaison was.

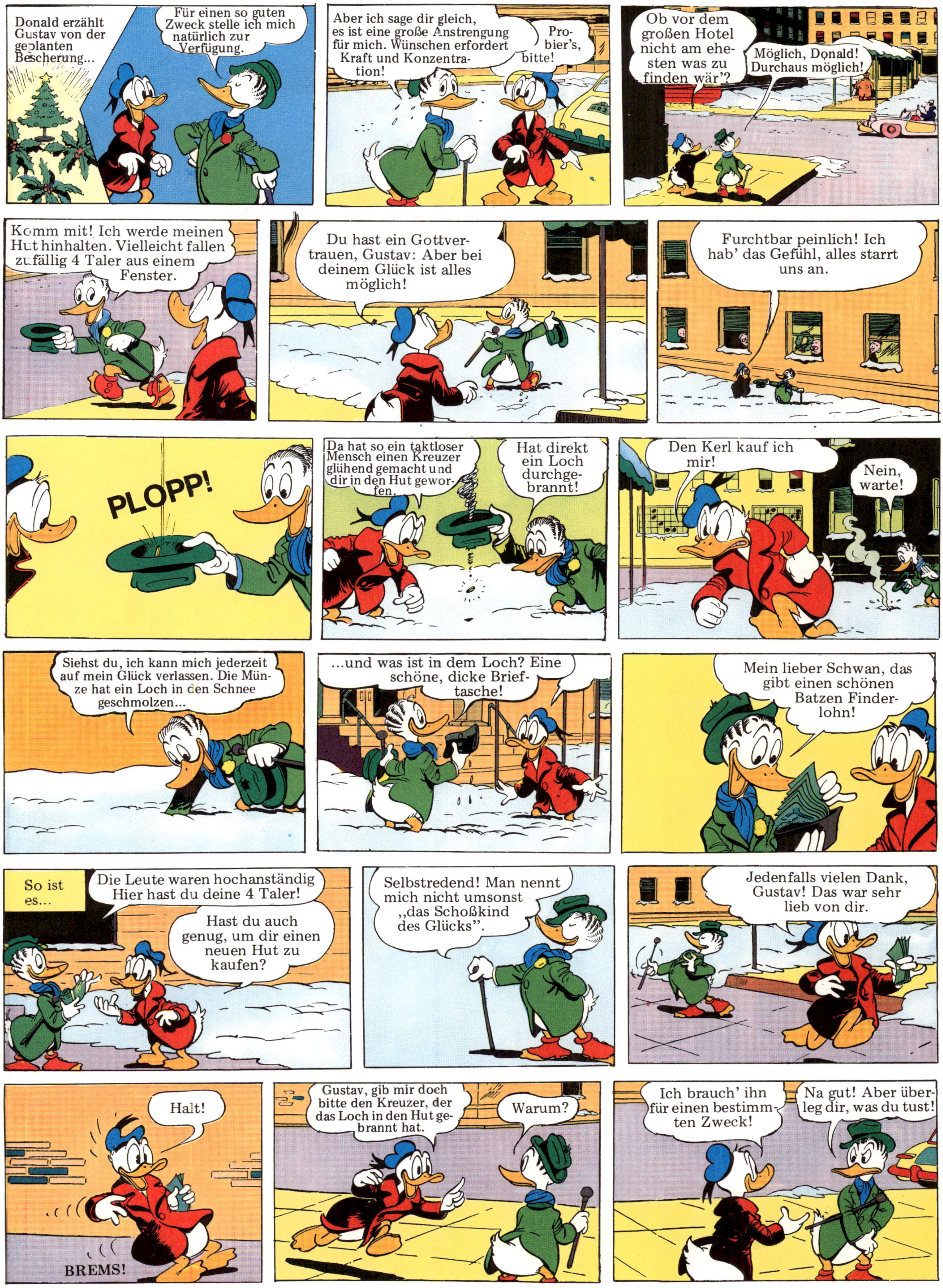

Donald erzählt Gustav von der geplanten Bescherung...
Für einen so guten Zweck stelle ich mich natürlich zur Verfügung.
Aber ich sage dir gleich, es ist eine große Anstrengung für mich. Wünschen erfordert Kraft und Konzentration!
Probier's, bitte!
Ob vor dem großen Hotel nicht am ehesten was zu finden wär'?
Möglich, Donald! Durchaus möglich!
Komm mit! Ich werde meinen Hut hinhalten. Vielleicht fallen zufällig 4 Taler aus einem Fenster.
Du hast ein Gottvertrauen, Gustav: Aber bei deinem Glück ist alles möglich!
Furchtbar peinlich! Ich hab' das Gefühl, alles starrt uns an.
PLOPP!
Da hat so ein taktloser Mensch einen Kreuzer glühend gemacht und dir in den Hut geworfen.
Hat direkt ein Loch durchgebrannt!
Den Kerl kauf ich mir!
Nein, warte!
Siehst du, ich kann mich jederzeit auf mein Glück verlassen. Die Münze hat ein Loch in den Schnee geschmolzen...
...und was ist in dem Loch? Eine schöne, dicke Brieftasche!
Mein lieber Schwan, das gibt einen schönen Batzen Finderlohn!
So ist es...
Die Leute waren hochanständig Hier hast du deine 4 Taler!
Hast du auch genug, um dir einen neuen Hut zu kaufen?
Selbstredend! Man nennt mich nicht umsonst „das Schoßkind des Glücks".
Jedenfalls vielen Dank, Gustav! Das war sehr lieb von dir.
Halt!
BREMS!
Gustav, gib mir doch bitte den Kreuzer, der das Loch in den Hut gebrannt hat.
Warum?
Ich brauch' ihn für einen bestimmten Zweck!
Na gut! Aber überleg dir, was du tust!

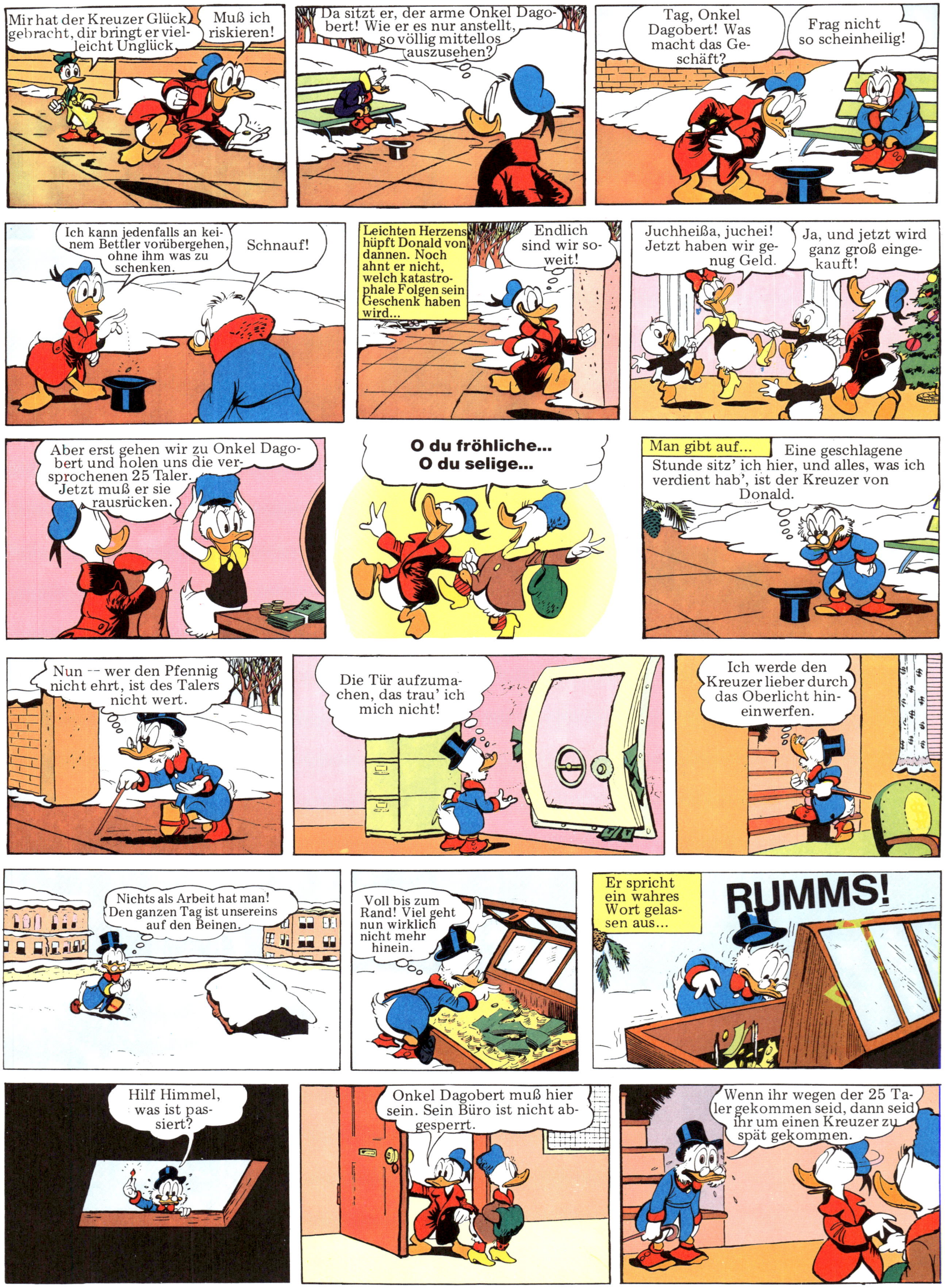
Mir hat der Kreuzer Glück gebracht, dir bringt er vielleicht Unglück.
Muß ich riskieren!
Da sitzt er, der arme Onkel Dagobert! Wie er es nur anstellt, so völlig mittellos auszusehen?
Tag, Onkel Dagobert! Was macht das Geschäft?
Frag nicht so scheinheilig!
Ich kann jedenfalls an keinem Bettler vorübergehen, ohne ihm was zu schenken.
Schnauf!
Leichten Herzens hüpft Donald von dannen. Noch ahnt er nicht, welch katastrophale Folgen sein Geschenk haben wird...
Endlich sind wir soweit!
Juchheißa, juchei! Jetzt haben wir genug Geld.
Ja, und jetzt wird ganz groß eingekauft!
Aber erst gehen wir zu Onkel Dagobert und holen uns die versprochenen 25 Taler. Jetzt muß er sie rausrücken.
O du fröhliche... O du selige...
Man gibt auf...
Eine geschlagene Stunde sitz' ich hier, und alles, was ich verdient hab', ist der Kreuzer von Donald.
Nun -- wer den Pfennig nicht ehrt, ist des Talers nicht wert.
Die Tür aufzumachen, das trau' ich mich nicht!
Ich werde den Kreuzer lieber durch das Oberlicht hineinwerfen.
Nichts als Arbeit hat man! Den ganzen Tag ist unsereins auf den Beinen.
Voll bis zum Rand! Viel geht nun wirklich nicht mehr hinein.
Er spricht ein wahres Wort gelassen aus...
RUMMS!
Hilf Himmel, was ist passiert?
Onkel Dagobert muß hier sein. Sein Büro ist nicht abgesperrt.
Wenn ihr wegen der 25 Taler gekommen seid, dann seid ihr um einen Kreuzer zu spät gekommen.

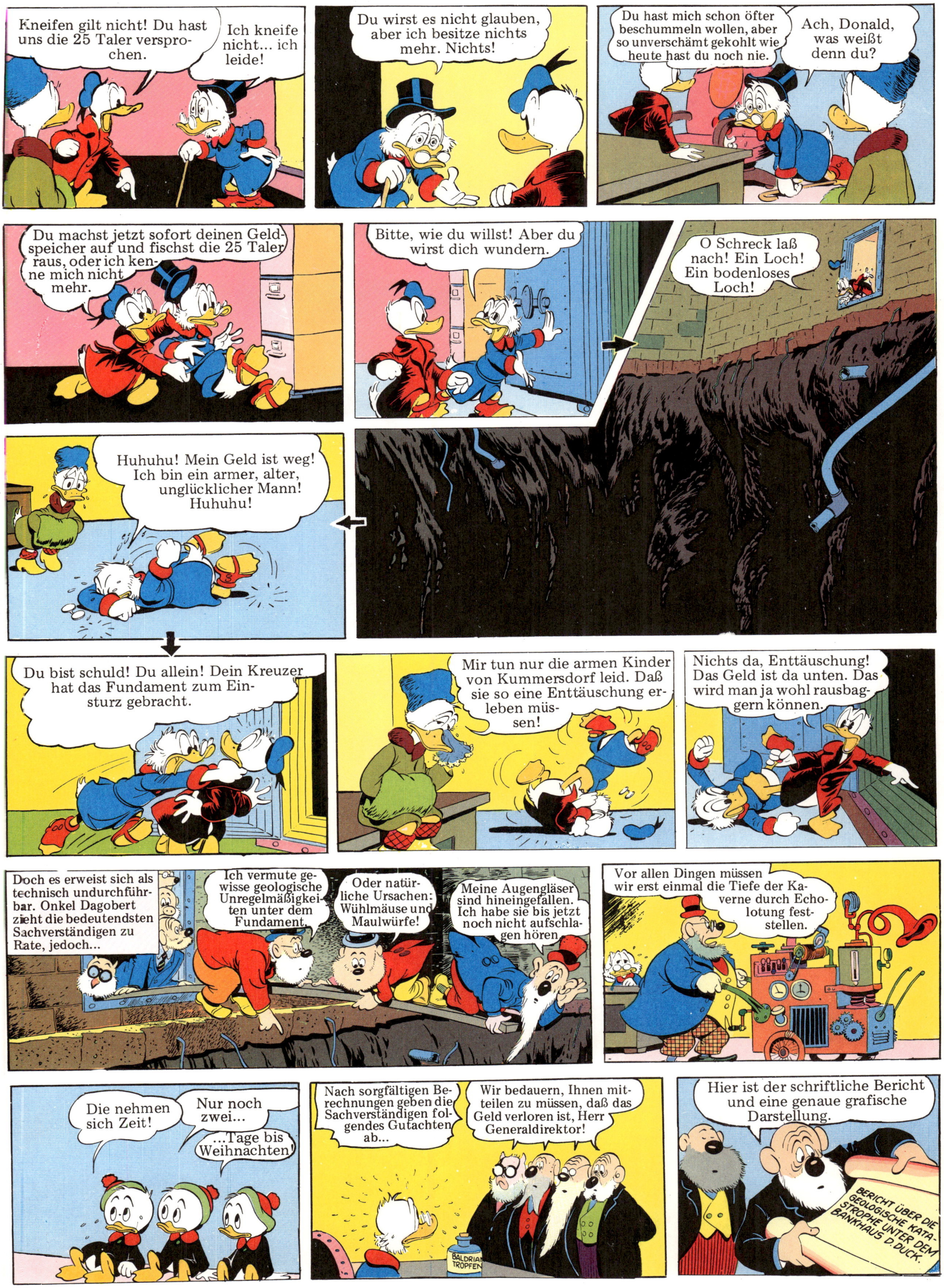
Kneifen gilt nicht! Du hast uns die 25 Taler versprochen.
Ich kneife nicht... ich leide!
Du wirst es nicht glauben, aber ich besitze nichts mehr. Nichts!
Du hast mich schon öfter beschummeln wollen, aber so unverschämt gekohlt wie heute hast du noch nie.
Ach, Donald, was weißt denn du?
Du machst jetzt sofort deinen Geldspeicher auf und fischst die 25 Taler raus, oder ich kenne mich nicht mehr.
Bitte, wie du willst! Aber du wirst dich wundern.
O Schreck laß nach! Ein Loch! Ein bodenloses Loch!
Huhuhu! Mein Geld ist weg! Ich bin ein armer, alter, unglücklicher Mann! Huhuhu!
Du bist schuld! Du allein! Dein Kreuzer hat das Fundament zum Einsturz gebracht.
Mir tun nur die armen Kinder von Kummersdorf leid. Daß sie so eine Enttäuschung erleben müssen!
Nichts da, Enttäuschung! Das Geld ist da unten. Das wird man ja wohl rausbaggern können.
Doch es erweist sich als technisch undurchführbar. Onkel Dagobert zieht die bedeutendsten Sachverständigen zu Rate, jedoch...
Ich vermute gewisse geologische Unregelmäßigkeiten unter dem Fundament.
Oder natürliche Ursachen: Wühlmäuse und Maulwürfe!
Meine Augengläser sind hineingefallen. Ich habe sie bis jetzt noch nicht aufschlagen hören.
Vor allen Dingen müssen wir erst einmal die Tiefe der Kaverne durch Echolotung feststellen.
Die nehmen sich Zeit!
Nur noch zwei...
...Tage bis Weihnachten!
Nach sorgfältigen Berechnungen geben die Sachverständigen folgendes Gutachten ab...
Wir bedauern, Ihnen mitteilen zu müssen, daß das Geld verloren ist, Herr Generaldirektor!
BALDRIAN TROPFEN
Hier ist der schriftliche Bericht und eine genaue grafische Darstellung.
BERICHT ÜBER DIE GEOLOGISCHE KATASTROPHE UNTER DEM BANKHAUS D. DUCK.

Das hier ist Ihr Speicher!
STARKE ÜBERLASTUNG DURCH ANHÄUFUNG VON GELD
Darunter befand sich eine bis dato unbekannte Tropfsteinhöhle.
UNBEKANNTE TROPFSTEIN-HÖHLE
Der letzte Kreuzer, den Sie in den Speicher warfen, brachte die Decke der Höhle zum Einsturz.
Ihr Geld versank — versank — versank — bis zu diesem Punkt.
GELD
Sozusagen wie das Geld der armen Witwe im Sparstrumpf!
Aber es müßte doch die Möglichkeit geben, nach dem Ziehbrunnensystem einen Eimer hinabzulassen und das Geld heraufzuholen? Oder?
Das verbietet die Beschaffenheit des Bodens der Höhle!
TRIEBSAND
Die leichteste Erschütterung droht, ihn zum Einsturz zu bringen, und Ihr Geld fällt dann in den Treibsand, also ins völlig Bodenlose.
Dann muß eben von der Seite her ein Stollen herangeführt werden.
Unmöglich! Die Erschütterung würde den Boden einstürzen lassen.
Leben Sie wohl, Herr Direktor, und wenn ich Ihnen menschlich einen Rat geben darf: Tragen Sie es wie ein Mann!
Reizende Menschen, was?
Das einzige, was sie mit dem Weihnachtsmann gemeinsam haben, ist der Bart.
Huhuhu, ich bin arm wie eine Kirchenmaus! Was soll aus mir werden? Huhuhu!
Traurig, aber gefaßt berät man die nun notwendigen Entscheidungen...
Ich denke, bescheren tun wir auf jeden Fall. Wenigstens sollen die Kinder einen richtigen Weihnachtsschmaus haben.
So? Und die versprochene Eisenbahn kriegen sie nicht?
Leider nicht!

Das geht nicht!
Das geht nicht!
Den Kindern ist die Eisenbahn bestimmt wichtiger als alles andere.
Ach, wenn mir doch nur einfiele, wie man Onkel Dagoberts Geld retten könnte!
Am nächsten Morgen...
Steht auf, ihr Faulpelze! Das Frühstück ist fertig!
Wir denken nach, Onkel Donald.
Ich weiß nicht, wohin vor Sorgen — und ihr liegt im Bett und denkt nach!
Seht euch das an! Onkel Dagobert ist zu uns gezogen, weil er kein Geld mehr hat!
Hab' ich jetzt drei Teller Haferbrei gegessen, lieber Donald, oder vier? Ich kann vor lauter Tränen nichts erkennen.
Endlich erscheinen die Kinder am Frühstückstisch...
Gib uns unsern Haferbrei, Onkel Donald!
Uns ist was eingefallen.
Im vorigen Sommer haben wir nämlich auf einer Pfadfinderfahrt eine Höhle entdeckt.
Und zwar in der Schlucht unterhalb von Kummersdorf!
Und diese Höhle war schmal und lang und erstreckte sich gegen Entenhausen zu.
Eine Höhle unter der Stadt? Worauf wartet ihr noch? Nehmt eure Taschenlampen und kommt!
Später...
Das ist der Eingang. Sehr groß ist er nicht.
Traust du dich da rein?
An Mut gebricht's mir nicht.
Es geht hinab — hinab — hinab!
Wo hab' ich das nur schon mal gehört?
Ah, die Sachverständigen! Wir sind auf dem richtigen Weg!
Noch später...
Hier ist die Höhle zu Ende.
Meiner Meinung nach müssen wir unter dem versunkenen Geld sein. Wenn wir bohren dürften, hätten wir's gleich.
Wartet mal! Hier muß eine Verbindung bestehen. Ich rieche Geld!
SCHNÜFF!
SCHNÜFF!
SCHNÜFF!
SCHNÜFF!

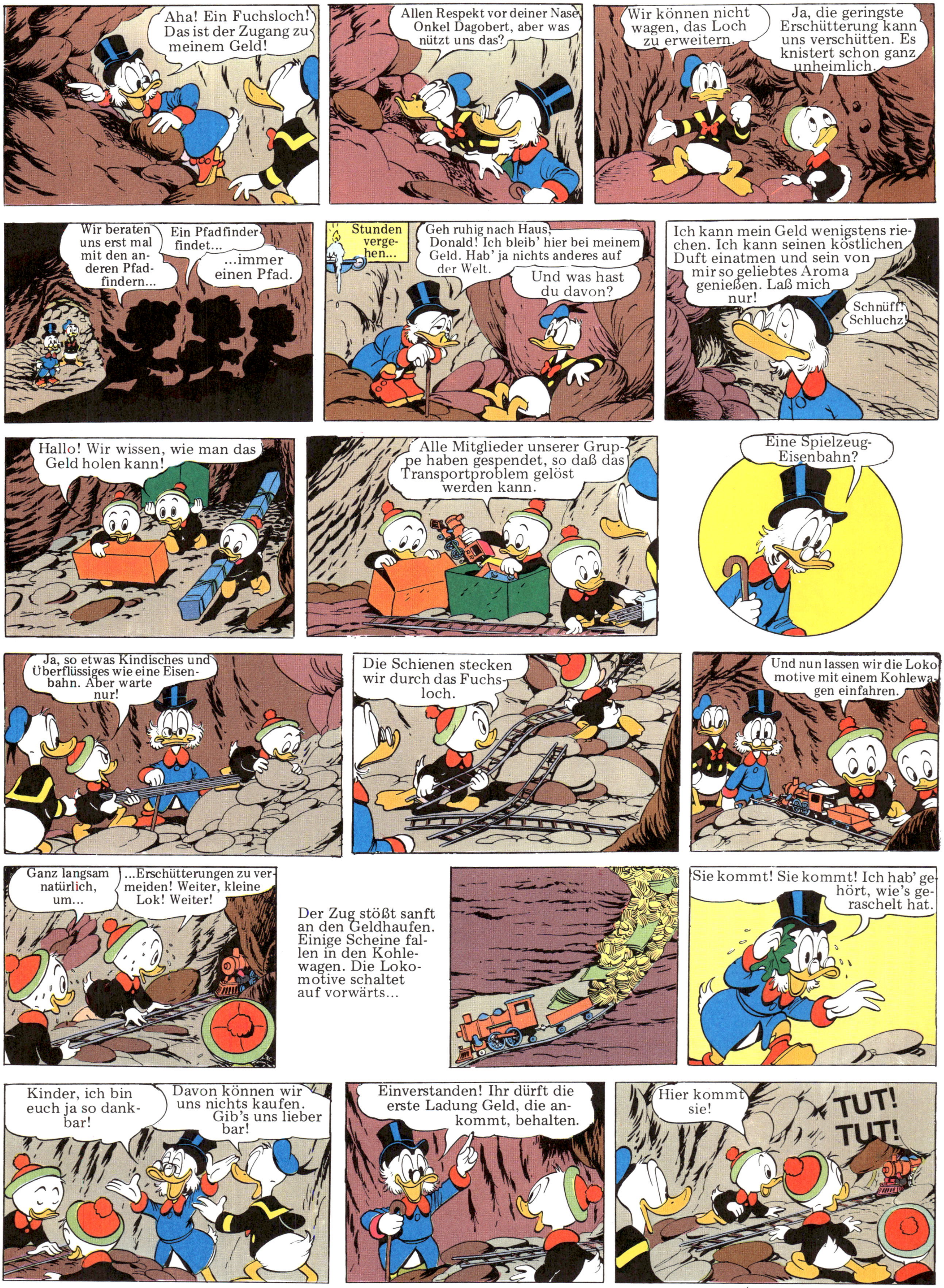

Aha! Ein Fuchsloch! Das ist der Zugang zu meinem Geld!
Allen Respekt vor deiner Nase Onkel Dagobert, aber was nützt uns das?
Wir können nicht wagen, das Loch zu erweitern.
Ja, die geringste Erschütterung kann uns verschütten. Es knistert schon ganz unheimlich.
Wir beraten uns erst mal mit den anderen Pfadfindern...
Ein Pfadfinder findet...
...immer einen Pfad.
Stunden vergehen...
Geh ruhig nach Haus, Donald! Ich bleib' hier bei meinem Geld. Hab' ja nichts anderes auf der Welt.
Und was hast du davon?
Ich kann mein Geld wenigstens riechen. Ich kann seinen köstlichen Duft einatmen und sein von mir so geliebtes Aroma genießen. Laß mich nur!
Schnüff! Schluchz!
Hallo! Wir wissen, wie man das Geld holen kann!
Alle Mitglieder unserer Gruppe haben gespendet, so daß das Transportproblem gelöst werden kann.
Eine Spielzeug-Eisenbahn?
Ja, so etwas Kindisches und Überflüssiges wie eine Eisenbahn. Aber warte nur!
Die Schienen stecken wir durch das Fuchsloch.
Und nun lassen wir die Lokomotive mit einem Kohlewagen einfahren.
Ganz langsam natürlich, um...
...Erschütterungen zu vermeiden! Weiter, kleine Lok! Weiter!
Der Zug stößt sanft an den Geldhaufen. Einige Scheine fallen in den Kohlewagen. Die Lokomotive schaltet auf vorwärts...
Sie kommt! Sie kommt! Ich hab' gehört, wie's geraschelt hat.
Kinder, ich bin euch ja so dankbar!
Davon können wir uns nichts kaufen. Gib's uns lieber bar!
Einverstanden! Ihr dürft die erste Ladung Geld, die ankommt, behalten.
Hier kommt sie!
TUT! TUT!

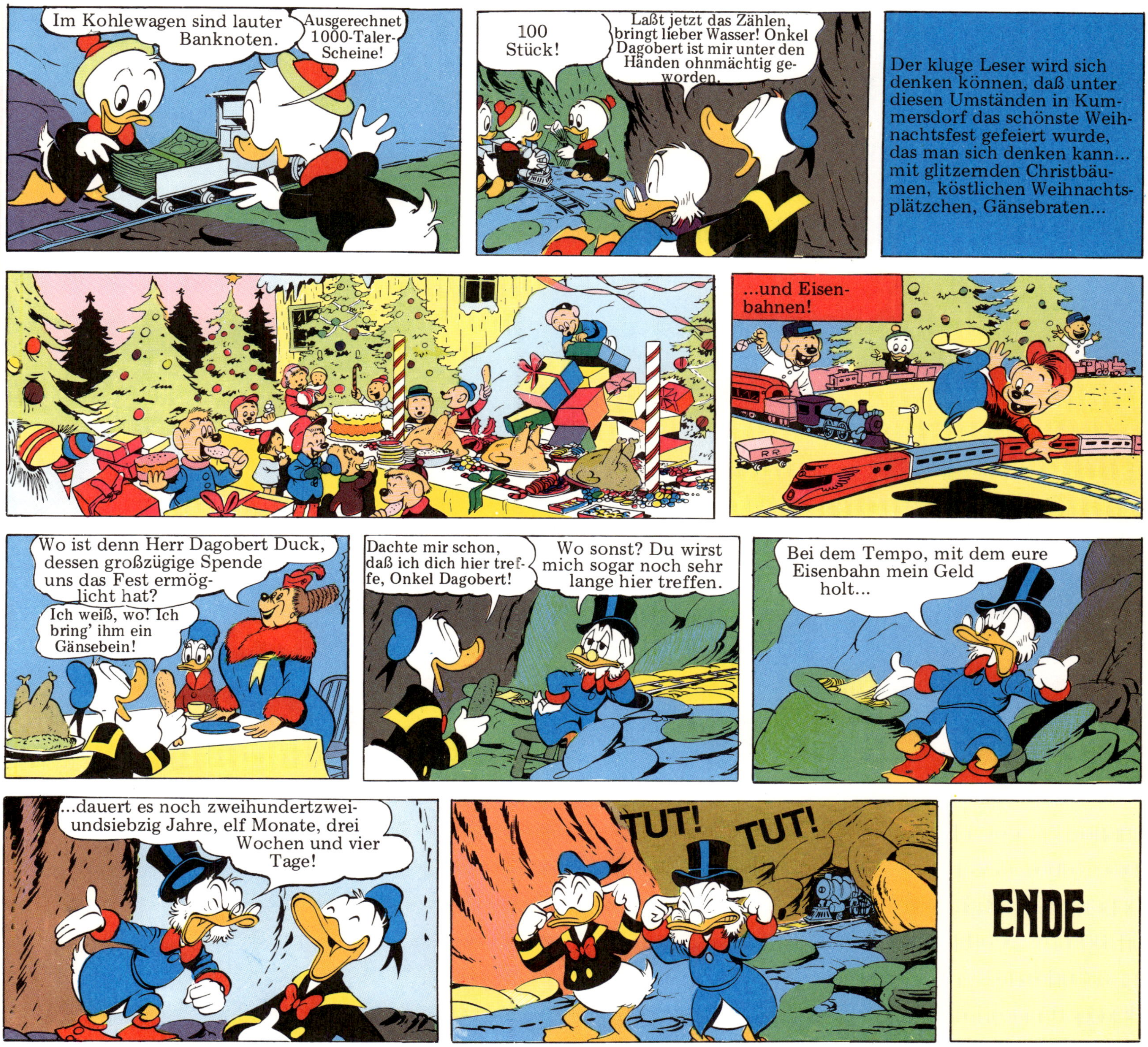
Im Kohlewagen sind lauter Banknoten.
Ausgerechnet 1000-Taler-Scheine!
100 Stück!
Laßt jetzt das Zählen, bringt lieber Wasser! Onkel Dagobert ist mir unter den Händen ohnmächtig geworden.
Der kluge Leser wird sich denken können, daß unter diesen Umständen in Kummersdorf das schönste Weihnachtsfest gefeiert wurde, das man sich denken kann... mit glitzernden Christbäumen, köstlichen Weihnachtsplätzchen, Gänsebraten...
...und Eisenbahnen!
Wo ist denn Herr Dagobert Duck, dessen großzügige Spende uns das Fest ermöglicht hat?
Ich weiß, wo! Ich bring' ihm ein Gänsebein!
Dachte mir schon, daß ich dich hier treffe, Onkel Dagobert!
Wo sonst? Du wirst mich sogar noch sehr lange hier treffen.
Bei dem Tempo, mit dem eure Eisenbahn mein Geld holt...
...dauert es noch zweihundertzweiundsiebzig Jahre, elf Monate, drei Wochen und vier Tage!
TUT! TUT!
ENDE